本当のところどうなの？

本音がわかる！　仕事がわかる！

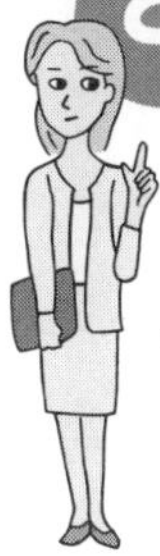

公務員の「お仕事」と「正体」がよ〜くわかる本

［第3版］

秋山 謙一郎 著

秀和システム

凡例:
—— 中央官庁で採用された国家公務員　　—— 地方公務員　　···· 高卒者
—— 国の出先機関で採用された国家公務員　—— 国家公務員総合職採用　—— 大卒者

50代になると同期は2・3人にまで絞られる。同期から事務次官が出ると、他の同期は省外に出る

大卒で地方公務員なら、同期でも副知事、片や係長というケースも！？

総合職採用だと40代から、"請われる形"で外に出る……

総合職で採用された国家公務員は30代半ばで課長補佐級に

地方公務員では「キャリア」扱いの大卒者は副知事・副市長へがゴール！

高卒でも地方公務員なら局長級も可能！？

地方自治体

副知事、副市長など

局長

課長

課長代理

係長

係員

40歳　　30歳　　20歳　18歳

高卒で中央官庁に採用された国家公務員なら課長補佐級まで昇れる！？

高卒で国の出先機関に採用された国家公務員なら出先機関で課長級まで昇れる！？

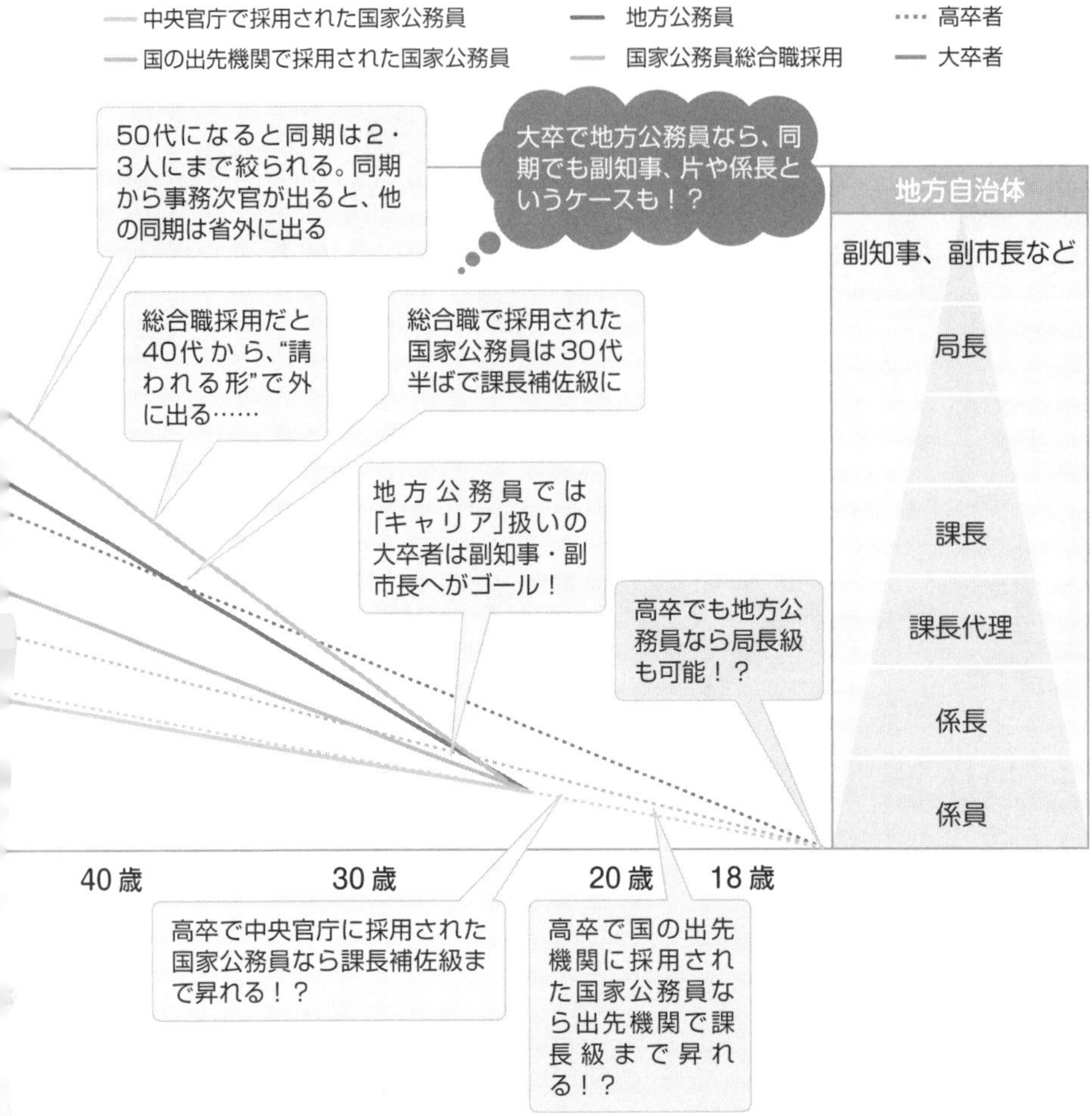

　なお、「国家公務員第Ⅰ種（国Ⅰ）」「国家公務員第Ⅱ種（国Ⅱ）」「国家公務員第Ⅲ種（国Ⅲ）」は、2012年に制度改正され、現在は、旧国Ⅰに相当する「国家公務員総合職」、旧国Ⅱに相当する「国家公務員一般職（大卒程度）」、旧国Ⅲに相当する「国家公務員一般職（高卒者）」へと改正されています。

　本書中では、旧制度で採用された国家公務員については、それぞれ「国Ⅰ」「国Ⅱ」「国Ⅲ」、新制度で採用されたそれについては「総合職」「一般職（大卒）」と表記しています。

どこまで出世できる！？
採用から定年までの道のり

役人のトップ「事務次官」へ

国のお役所（中央官庁）	国の地方出先機関（地方支分部局）
事務次官	
局長	局長
	部長
課長	課長
課長代理	課長代理
係長	係長
係員	係員

公務員には身分保障があるが、キャリアと呼ばれる総合職採用者で定年まで勤め上げられるのは同期中1人だけ

60歳

大卒の国家公務員一般職で中央官庁に採用されたなら、ゴールは課長補佐級

50歳

大卒の国家公務員一般職採用者のうち、国の出先機関で採用されたなら、出先機関の課長級まで

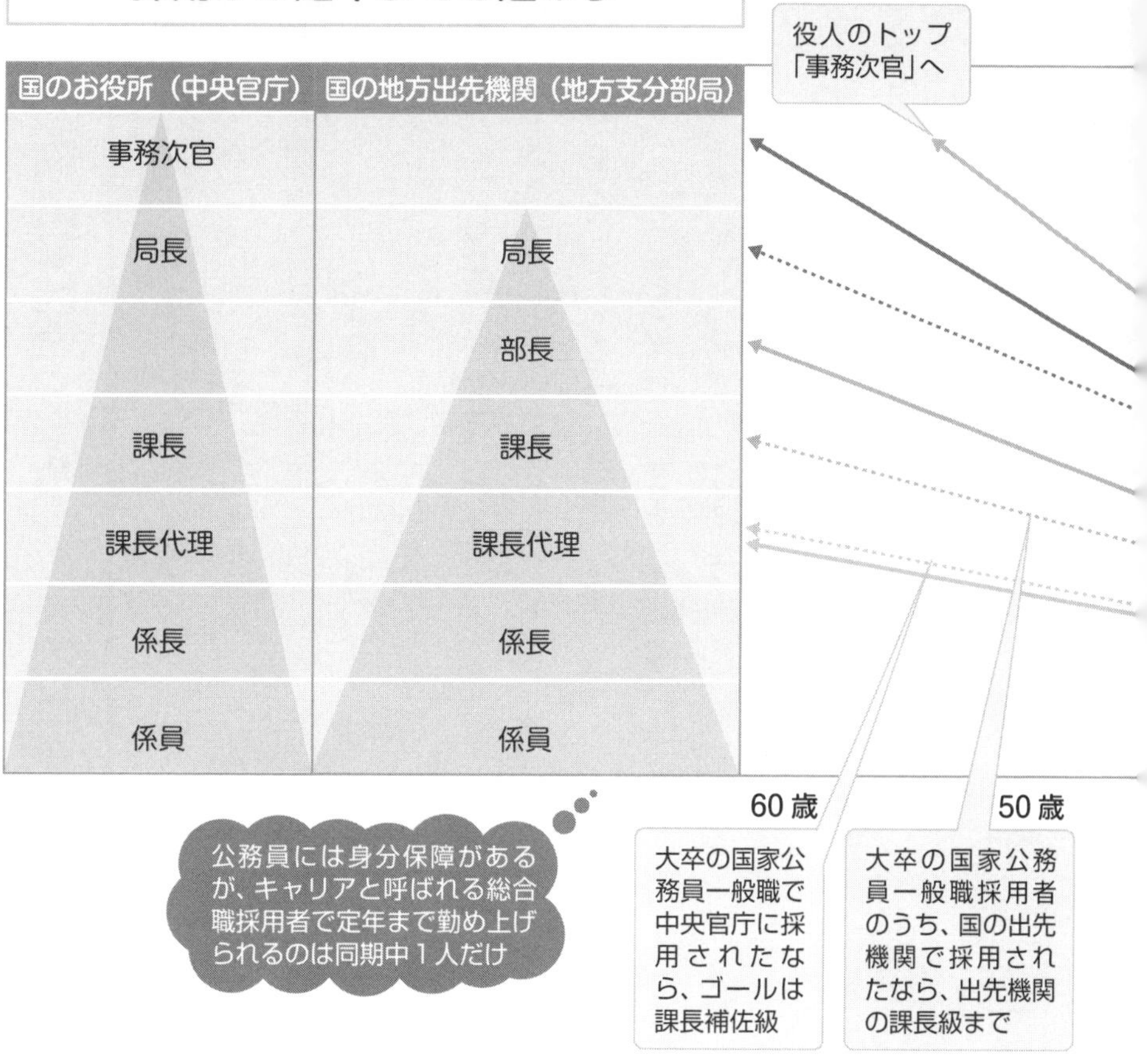

・国家公務員総合職は中央官庁でのみ採用される職種。
・国家公務員一般職（大卒者）の採用は、「中央官庁（本省庁）」と「国の出先機関（地方支分部局）」の二本立てでの採用となっている。同（高卒者）も同様。
・地方公務員は「大卒者」「高卒者」で採用区分が分かれている地方自治体がほとんど。

プロローグ　公務員とは……？

公(おおやけ)のために務める人――。

読んで字のごとく。これが公務員だ。もっともひとくちに公務員といっても千差万別、実にさまざまな種類の職種(仕事)があり、またいろいろな人がいる。

ただ、そんな異なるカラーの仕事、人たちがいる公務員に共通しているものがある。それは国や地域社会のため公務員として強い使命感を持ち働いているということだ。

なかにはたった一回の採用試験に合格しただけで人生安泰、職場や市民から文句言われない程度に働き、プライベートを楽しめばいいだろうという不埒な輩もいるにはいる。

ところが、意外にもそうした動機で公務員になった人でも、何年も市民相手に仕事をしていると、どこか「市民のため」という意識が芽生えてくるのだとか。

むしろ、そうした一見、軽い人物ほど、いざ大事となった際、公務員として冷静で的確な働きをするという。

「要は入ってから。結果をどう出せるか、だ」

とあるかつての国家公務員第Ⅰ種採用の中央官庁キャリア組の公務員は、公務員に採用される人たちのカラーが、ここ10年で大きく変わったと話す。

かつて公務員採用試験といえば、国家、地方を問わず、もっとも重視されたものはペーパーテストだといわれていた。しかしそれはもう昔の話。今はペーパーテスト以上に人物本位という。

こう書くと、ともすれば、こう思う向きもすくなくないだろう。

「人物面で素晴らしい人。ペーパーテストは形式だけ――」

大きな間違いだ。

確かに人物面で素晴らしい人というのはその通りかもしれない。では、これをどう客観的に判断するのか。

こうした人物評価といえば、とかく世間では、「リーダーシップがあり人望が厚い」だの、「真面目で誰からも好かれる」といったことを想像しがちだ。

もし、そのように思った読者がいたとすれば、それは考え方を改めなければならない。ここでいう「人物面で素晴らしい」とは、ただひと言、〝実績〟、これに尽きる。

具体的な例を挙げてみよう。たとえば読者のあなたが採用面接者として、次に挙げる受験生A君、

B君、C君について、どう評価するかを考えて頂きたい。ペーパーテストの成績はA君、B君、C君の順番になる。

【受験生A君】

「大学時代から公務員になりたいと思い、ずっと法律系予備校に通っていました。受験勉強ばかりの大学生活です。僕の大学生活は、まさに公務員試験受験一色でした。それだけ公務員への思いは強いです」

こう語るA君は、聞けば部活やサークル活動、ボランティア、官公庁や企業のインターン活動などなど、学生時代でしかできないようなことを一切していないという。一次試験(筆記)の成績は、これを突破した受験生のなかでは中の下、ないし下の上といったところだ。

【受験生B君】

「大学は2年、留年しました。大学の寮で寮長として後輩の面倒をみることに忙しく、また進路が決まっていなかったので、自分をじっくり見つめなおすことに専念しました。この寮での活動で、人のために尽くす、公の仕事に魅力を感じ、公務員を考えました」

このB君、大学寮では寮長。部活やサークル、ボランティア活動も積極的に行っている。地方公共団体や民間企業でのインターンも行い、みずからの見聞を拡げた。学力重視の筆記試験の成績は受験生中、中の中、ないし中の下といったところだ。

【受験生C君】

「大学を中退して、海外を放浪しました。私にとっては大学では、あまり学ぶものがないと思えたからです。海外ではベビーシッター見習いのボランティア、国際機関でもインターンをさせて頂きました。それから国内に戻りNPOを立ち上げて、地方自治体とかかわるなかで、自分自身が行政の立場でなければ出来ないこともあり、公務員を志望しました」

このC君は、年齢は25歳、新卒者採用を目的としている採用試験では、やや高めだ。そして大学は中退だ。公務員採用試験、有名なところでは国家公務員総合職は、その受験資格が「大卒程度」なので、学歴、受験資格については問題はない。

とはいえ大卒者が数多く受験する試験だ。中退という学歴はプラスの意味でもマイナスのそれでもとにかく目立つ。

しかしすでにNPO法人を立ち上げ、社会人としての経験もあるという。そのNPOは「若い代表が立ち上げた注目されるNPO」として公務員界隈では知る人ぞ知る存在だという。

ただし筆記試験の成績は、筆記試験突破者のなかでも下位のほう……、である。

——かつての公務員試験であれば、このA君、B君、C君の例であれば、面接者たちが「どんなに面白い人材」と評価してもC君の合格はあり得えなかったものだ。

なぜなら筆記試験の成績が下位だからだ。

それにしても今の時代ですら、公務員試験とは筆記試験に合格しさえしたら、あとは面接でみずからをアピールすれば公務員として採用されるだろうと考える人が数多いものだ。

公平性を旨とする公務員試験である。かつては今よりも筆記試験の成績順位、いわゆる席次が重視されてきたものだ。むしろ面接のほうが「筆記試験上位の人ほど、ここでしくじってもさほど心配ない」という扱いだった。

つまり筆記試験が主で面接が従という位置づけである。

なので、上記のA君、B君、C君が、仮に国家公務員総合職採用の筆記試験合格者だとしても、面接でモノを言うのは「筆記試験合格者順位」だ。

だから、かつての公務員試験ではA君がかなり採用可能性が高いというのが、霞が関界隈、公務員試験の世界を覗いたことのある者ならば、これが常識だった。

成績が中くらいで筆記試験合格を果たしたB君の場合は、採用官庁次第といったところか。いわゆる人気官庁だと厳しいだろう。しかし希望者の少ない官庁だと採用の可能性はある。そして、誰がどうみてもC君の採用の芽はない……これが公務員世界の常識だった。

だが時代は変わった。

筆記試験だけの成績だけで評価しない——ゆえに公務員採用試験はかえって難しくなった。なぜか。筆記試験の点数さえ取ればいいという試験ではなくなったからだ。

先のA、B、Cの三君の例でいくと、それまで採用される可能性が低いとされていたC君のみならず、B君のようなタイプの人物も「人物本位」という名の下、採用に向けて高く評価される時代となった。ここに尽きよう。

むしろA君のようなタイプは、「(採用されるために勉強を)頑張ったことは点数の高さからわかる」ものの、人物評価という点で、「何が出来るのかわからない」という見方がされるようになってきた。

「正直、役所といえども、民間企業と一緒で『仕事が出来る人』『一緒に仕事をしたい人』を採用したい訳だ。公務員採用試験の合格のためにずっと学生生活を犠牲にしてきた——面接でそれをアピールされてもね……」

40代のキャリア採用のとある公務員はこう話す。実際、公務員採用試験、なかでも筆記試験合格のために、「学生生活のすべてを犠牲にしないとパスできないような人材は、それ以上の伸びしろがない」という判断が下されるという。

また筆記試験も、近年ではただ暗記していればいいという問題は少なくなり、「何か自分なりの意見を持つ人」でなければ解けない問題も増えつつあるようだ。

それに加えての「人物評価」。その人物評価とは、ずばり〝仕事力〟だ。

かつてのような勉強秀才、ペーパーテスト上の点数を取ることが上手な学生にこれを求めるのは酷かもしれない。

もっともこれまでも年々、ペーパーテストだけではわからない力について評価する流れはあった。だが近年では、そのペーパーテストですらも単に知識のみならず、受験生自身がどんな考えを持っているかを問う、いわば〝仕掛け〟がある――、そんな問題が増えつつあるという。たとえば科目としては数的数理や資料解釈かもしれない。しかしその実は社会科、もしくは時事問題ではないかといった類だ。

ペーパーテストですら、その問い方が変わっている。面接ともならば、さらにこれまでの公務員試験とは異なったものとなることは言うまでもない。

では、どうすれば公務員になれるのか。月並みだが、過去の公務員試験問題を徹底研究し、その合格基準を徹底研究するしかない。ある意味、この能力は公務員として求められる基本中の基本だからだ。

市民の声を聞き、それをどう行政施策に活かすか。そうした能力を最初に見極める場、それが時代を問わず公務員試験といえるだろう。

国家公務員（大卒程度〈一般職〉）

公務員、とりわけ国家公務員といえば「キャリア対ノンキャリア」という構図を面白おかしく書かれるものだ。だがこれは役所内の実情を正しく反映していないとか。なぜならキャリアとは全国家公務員のうちほんの4％しかいない数少ない存在に過ぎないからだ。

初任給	22万2240円
申込者数	2万8103人
合格者数	8156人
倍率	3.4倍

（注：2022年度の情報）

「国Ⅰの時代までが〝本当のキャリア〟。それでもそれ以前の上級甲種や高等文官だのとはエラい格下だった。今はもうキャリア制度はなきに等しい。ノンキャリアでもキャリアを追い抜くこともさほど珍しい話ではありませんから」（40代・経済産業省キャリア）

平成24年度試験からキャリア制度は廃止、現在では、「総合職」「一般職」という職制が敷かれた国家公務員。

大卒者の多くが受験採用される「一般職」では、本省庁採用の〝霞が関〟組と地方出先機関で採用される。

「親会社直の採用か、それとも支社での採用かの違い。親会社採用なら全国どこにでも転勤覚悟は当然。その分出世も早い。地方採用なら地元にいながらにして国の仕事に携われる。本省出向や海外勤務もある」（40代・財務省税関旧国家Ⅱ種職採用）

キャリア・ノンキャリアの壁が薄くなった国家公務員社会、そんな新しい国家公務員像が求める人材とはどんなものなのか。

「ただただ国民の皆さまのために尽力できる人。キャリア制度がなくなって仕事本位で評価されるようになった。民間企業以上に厳しいかもしれない。その分、やりがいはある。優秀な人材が集まる国家公務員の門を是非叩いてほしい」（前出・同）

地方公務員

「〝国発〟の時代は終わった。これからは〝地方発〟の時代。自分が立てた行政施策が地域住民にダイレクトに伝わっているところが透明化されて肌感覚でわかる。そうした場で仕事が出来るのが魅力」（30代・大阪府職員）

初任給	21万0854円
申込者数	2501人
採用予定者数	360人
競争率	6.9倍

※東京都Ⅰ類B方式　大卒行政の例（注：2022年度の情報）

地方公務員のなかでもその数が圧倒的に多いのが行政職だ。この行政職はいわば地方行政のスペシャリストだ。財務、地場産業振興、福祉、教育とありとあらゆる分野をひとりで切り回す。

　国ならば財務省、経済産業省、厚生労働省、文部科学省……と縦割りにわけられた仕事を地方では一手に引き受けなければならない。求められるのは地域への愛着に尽きる。

「この町のために何が出来るか――。そんな青臭い理想を本気で追求できるのが地方公務員の魅力」（40代・神戸市職員）

　そんな地方公務員は各地方自治体によって異なりがあるが、概ね、採用時、大卒、短大卒、高卒といった学歴による区分が設けられている。

「入ってしまえば入り口の違いはない。副知事になりたいとか、そんな野望でもない限り、高卒でも大卒を追い抜くことなんてごく普通の社会。仕事ができる人が上にあがる公平無私な世界。そういう場で自らを鍛えながら地域社会に尽くす。これが地方公務員の魅力です」（前出・同）

　これまで以上に〝地方発〟の流れが盛んな今、志望者殺到の人気職種といえよう。

警察官

警察官は警察庁採用者と各都道府県警察採用者の2つのルートがある。前者は国家公務員総合職や一般職試験の合格者から採用される。後者は各都道府県警察が実施する警察官採用試験合格者のなかからの採用だ。

いま地方採用の警察官への人気がこれまで以上に高まっている。神奈川県警勤務の巡査部長はいう。

初任給（大卒）	25万3300円
初任給（高卒）	22万1800円
受験者数	1万746人
合格者数	1538人

※警視庁（東京都）の例。高卒から大卒まで。（注：2022年度の情報）

「私が、警察官を目指したのは〝コチカメ〟です――」

コチカメ――漫画、『こちら葛飾区亀有公園前派出所』である。このコチカメの主人公、両津勘吉のような〝交番のお巡りさん〟に憧れて警察官を目指す人は昔も今もすくなくない。

「警察官は、『困っている住民を助ける』という素朴な目的のもとで仕事をしています。民間企業と違い、誰かの営利のために仕事をするわけではありません。正義を自らの手で具現化したい人には打ってつけです」（前出・同）

ひとくちに警察といってもその仕事はさまざまだ。

「漫画やドラマでもその活躍が知られる刑事、鑑識、交通、機動隊……といった部門、それからサイバー部門に会計、活躍の場は限りないです」（警察庁準キャリア採用）

「正義を追求するのではなく、正義そのものでいられるのが警察官です」（会計畑の警察官）

限りなく行政職に近い、会計畑の警察官ですらこう語る際の目つきは刑事や機動隊員同様に鋭かった。やはり警察官、厳しいのだ。

消防士

「困っている人を助けたい……。そういう仕事をしたい人は消防をはじめ、警察、自衛隊、海保（海上保安庁）で働いてもいい仕事ができる。でも、消防は、住民が、日々、生活する上での究極の困りごとに携わる。住民にもっとも近い場での勤務、それが魅力です」（30代・神戸市消防局）

初任給（大卒）	25万3000円
初任給（高卒）	21万3900円
受験者数	11588人
合格者数	1275人

※東京消防庁の例。
（注：2022年度の情報）

人が生活する上での究極の困りごとである消防の出番とは火事・救急だという。だが消防の仕事はこれだけに留まらない。

「常日頃からの火災予防の広報活動も重要な仕事です。救急についてもそう。いちばんの理想は消防署が暇な状態になること。そのため予防活動を行いつつ、いざというときに備えた訓練も行っています。消火や救急といった力仕事だけではなく、何もない日常からの消防活動、ここにも喜びを見出せる。仕事として行っているのに、多くの地域住民から感謝までして頂ける。お巡りさんのようにときに地域住民から厳しいことをいわれることもない」（前出・同）

地方公務員である消防士は同じ制服職種の警察官とは違い、その雰囲気はスーツを着て仕事をする行政官とさほど違いない雰囲気がある。

実際、採用試験も地方自治体の消防職という区分で行われている。あくまでも地方公務員の一職種だ。では地方公務員行政職と消防職、その違いはなにか。

「消防吏員は、いざというときに体を張らなければならない。違いはそれだけ。この違いは大きいですよ。我々、いざとなると〝火の中〟に飛び込んでいくのですから」（同）

デスクワークではない公務員

公務員といえば、ともすれば定時出勤・退庁という規則正しい勤務が思い浮かぶ。

もしくは最近ではドラマや小説でも描かれて知られるようになった役所内での泊まり込みも辞さない中央官庁のキャリアにみられる激務ぶりだ。

いずれにせよ公務員といえばデスクワーク中心の仕事と思われがちである。

初任給(大卒)	18万3900円
受験者数	1625人
合格者数	463人
倍率	3.5倍

※労働基準監督官の例。
(注:2022年度の情報)

だが、そのどちらでもない職種もいくつか存在する。たとえば情報があれば飛んでいき調査、分析する「公安調査官」、〝海の警察官〟として知られる「海上保安官」、麻薬事案を専門的に取り扱い警察官同様の権限を持つ「麻薬取締官」といった職種がそれだ。

通称・〝マトリ〟で知られるこれは厚生労働省に所属している。国家公務員一般職試験合格者から採用されているが薬剤師資格を持つ者など理系からの採用者も数多い。

「警察官の受験も考えました。でも薬学部出身で団体行動が苦手……という話をすると〝マトリ〟を勧められました。マトリは警察官と違い、個人で行動することが多いので。意外でしょう?」(厚生労働省麻薬取締官)

厚生労働省には、近年、問題視されている〝ブラック企業〟を取り締まる「労働基準監督官」もいる。彼らもまたデスクワークよりも〝フットワーク〟の仕事だ。

「机に座っている暇はないです。企業の実態を調べるために張り込みもしますから。頭と体力、そして気力が求められます。悪徳企業撲滅のために働ける。これが労働基準監督官です」(労働基準監督官)

資格取得者採用枠の公務員

資格取得者の採用も国家、地方どちらの公務員も積極的だ。行政の都合上、必要とされる資格取得者を採用する場合、定期的に行われる公務員採用試験とは別枠での採用となるケースがほとんどだ。

薬剤師枠である県に採用された公務員(30代)はその仕事の内容についてこう明かす。

初任給	前職から検討
求められる資格	公認会計士、弁護士、医師、看護師など

(注:2023年度の情報)

「病院勤務の薬剤師とは異なり、〝薬剤師資格を持った県職員〟として扱われます。地方行政のなかでも薬剤の専門知識が求められることもしばしばです。そこで薬剤師である行政マンとして実際の行政施策を打ち出すという役どころです」

薬剤師のほかにも医師や看護師、保健師に助産師といった医療系の資格取得者が公務員採用枠に設けられている。

医療系のなかでは厚生労働省の「医系技官」もよく知られている。医師免状を持った行政官として医療行政に携わる彼らは医療行政の柱ともいえる存在だ。厚生労働省関係者が語る。

「法経系の行政職ではわからない医学知識をもとに行政を打ち出すのが医系技官は厚労省内では薬剤技官などとともに専門職として扱われています。もっとも専門職といっても行政官であることには変わりはありません。法律や経済の知識も相当なものです」

難関といわれる公務員試験だが資格取得者には、その門は大きく開かれているという。もちろん資格取得そのものが大変な労力を要する。

だが、どうしても公務員になりたいという人にとって専門職として扱われるこの採用枠で受験、公務員となる道も選択肢のひとつではないだろうか。

民間経験者採用枠の公務員

〝人物本位〟での採用を打ち出している公務員では、近年、民間経験者枠での採用も充実化している。

国家、地方とも民間経験者は、その経験に応じて時にはいきなり管理職として役所で仕事をすることもしばしばだ。

民間経験者枠採用の上司の下で働いた経験があるという近畿地方のある地方自治体職員が語る。

初任給	前職から検討
必要とされる職歴	概ね2年以上の社会人経験
試験内容	筆記試験と面接(大卒新卒採用程度の内容)

(注:2023年度の情報)

「金融機関出身者が管理職でやって来たことがありました。仕事のスピード感がまるで違う。ただ行政は時に慎重に事を運ばなければならない案件も抱えています。なのでそこはわたしたち公務員プロパーがお教えさせて頂くことで、いい意味でのシナジー効果が期待できます」

この民間経験者というのは、先述の資格取得者とは別の採用枠で概ね民間企業経験3年以上の者が採用される。もちろん筆記試験もあるが、就いていた職種によっては面接だけでの採用というケースもあるという。

「法律とか金融の知識がある人は行政としても喉から手が出るほど欲しい人材です。自治体によっては広報の専門職も募集していますね」

法律予備校で長年、公務員コースを担当している講師のひとりはその実態をこう解説する。

民間企業とは違い、中長期的な視点で腰を据えて仕事が出来るのが行政の良さだという声もある。

生き馬の目を抜くビジネスの世界で鍛えられた民間企業経験者にとってもまた役所という世界は、未知の市場を開拓するような高揚感に包まれた職場といえよう。

これから益々、この区分での採用は増えていくだろう。

▼たくさんの仕事があれど「公務員」とひと括りにされるのが公務員

以上、わたしたちの目によく映る代表的な公務員の仕事とカラーだ。

公務員の仕事は、大きくわけて、①スーツを着てする仕事、②制服を着てする仕事、③教職員にみられる「教える仕事」といったところか。

おなじ公務員でも、まずこの3つではそのカラーは大きく異なるものだ。

さて、公務員の仕事は多岐にわたっており、なかには紹介できなかったものもある。

たとえば犯罪を行った人の矯正教育を担う刑務官、非行に走った子どもたちを収容、矯正教育を行う法務教官、非行歴のある人や少年の社会復帰に力を尽くす保護観察官もいれば、外国人の出入国管理を行う入国警備官といった仕事などなど、本書では紙幅の都合で紹介できなかった職種も多々あるところだ。

国や地方の行政を担当する公務員のほかにも、司法を担当する公務員もいる。

裁判官である判事、国家として犯罪を行った人を裁きにかけるかどうかを決める検察官といった仕事、そしてこの裁判所や検察庁の事務を行う事務官のほか、少年事件などを扱う、一般に「家裁調査官」として知られる家庭裁判所調査官がそうだ。

なかでも裁判所事務官は、採用後、さらに試験を受ければ裁判所書記官になれること、検察事務官は副検事、検事へとなれる可能性もあることからか、司法に関心がある人の間ではとても人気がある仕事である。

こうした司法を扱う公務員は、身分上は国家公務員だが、財務省や経済産業省といった行政を担当する国家公務員とは、まったく異なるカラーを持っている。

国の行政を担う公務員が、国民のニーズに応えるため慎重ながらもすばやく行動することを旨とするのに対し、司法を担当する公務員は、人を裁くという大事を担当しているせいかスピードを意識しつつも慎重に行動するという違いが見受けられるという。

では地方公務員はどうか。国を民間企業に例えた場合、財務部にあたる財務省、営業部にあたる外務省……とその仕事が明確に決まっている国家公務員とは違い、地方自治体に行政職として入職した地方公務員は、入職から定年まで、基本的には、まったく異なる仕事を経験する可能性がある。

事実、ある地方公務員は、採用後、すぐに配属されたのは教育委員会、その後、税務部門を経て、社会福祉の部門へと異動――、現在に至っている。

いわば国家公務員が、財務省なら財務の、経済産業省なら経済産業といったある特定のスペシャリストであるのに対し、地方公務員は、地域という視座に立って行政全般に関心を持たなければ勤まらないものである。福祉行政に興味があって入職したとしても、税務部門に配属を命じられればそれを受け入れなければならない。

こんな幅広い職種がある公務員だが、やはり巷では、どこか「公務員」としてひと括りにみる向きが多いだろう。当の公務員自身も、その職種が違っても「公務員」というキーワードで民間で働く人とは違うところがあると自覚している。

たしかに公務員は民間で働く人とは違う。
それは背負っている責任が、民間でのそれとはまったく異なるからだ。

「住民から求められるままに、ついうっかりメモを渡すだけでも、その内容次第では懲戒処分の対象とされることもある。メモといえども役所で公務員として渡せば、それは〝公文書〟になるので」（40代、大阪府職員）

メモひとつでも役所を代表するそれとされてしまう。これが公務員の重責だ。
とはいえ、そんな公務員も、お役所のなか、プライベートでは、やはり民間で働く人と違いのない、悲喜交々な日常がある。

「出世、転勤、退職金に年金、職場恋愛……、営利を追求しない職場で保障された身分、この手の話題は、きっと民間企業よりも濃いはず――と、昔、話したが、身分保障が崩れつつある今、もっと濃い話がある」（前出・同）

こうした役所の実態とそこで働く公務員とはどのような人たちなのか。
そんな公務員の仕事と正体について、これからみていこう。

Contents

第3章 公務員になるなら何を覚えておけばいい？［身に付けておきたいこと］

第4章 公務員のお仕事【ワークス】

第5章 公務員になる人、やめる人、民間から入って来る人【キャリアパスとプライベート】

第1章

公務員になるまで
[受験準備から採用まで]

01 お役人人生　最初の半歩
公務員になるのは難しい時代へ

▼"勉強上手"から"器用な人"が採用される時代へ

今や、学歴より塾歴社会といわれる時代だ。公務員受験の世界も例外ではない。とりわけ高校、大学を出てすぐ新卒で公務員になろうという人ほど、その傾向が顕著である。

では、公務員受験の世界での塾歴とは何か。これはよく知られているところではＬＥＣ、伊藤塾（※1）といった予備校がよくその名を聞くところだ。

かつて、こうした受験予備校で机を並べた仲のグループが、いざ公務員試験開始となると、幅を効かせたものだった。どのくらいの点数を取れば筆記試験をクリアできる……、その後、国家公務員であれば官庁訪問、地方公務員であれば面接対策といった具合に、なかなかひとりで受験勉強をしていた人には入り込めないグループが存在し、公務員になってからも、その人脈がうっすら活きてくることもあったという。

しかし近年では、その様相が大きく変わってきた。

まず、コロナ禍もあり受験予備校で「机を並べる仲」という関係が薄れてきたからだ。

他にも大学……、たとえば、最近ではかつてほどではなくなったといわれているが、それでも公務員を数多く輩出する大学として知られている東京大学でも、コロナ禍により「共に机を並べた仲」という関係が希薄となったという話はよく耳にする。

※1　予備校に通っていない受験生でも、各種予備校の模擬試験を受験するのは公務員試験では常識。

「だから頼れたのは、コロナ禍以前に公務員試験を受験した高校時代の先輩からの情報でした」（2023年から地方公務員として働く都内の大学卒業生）

もっとも、ここでいう「高校時代からの先輩の情報」は、さほど当てにならないという声もすくなくない。

「高校を通して同窓会経由で公務員になった先輩に連絡を取ってもらい、話を聞きました。でも、正直、ネットで出ているような話ばかりで、あまり参考にならなかった」

「採用において筆記試験がどのくらいの比重を占めているのか、面接では何を聞かれるのか——、経験談を聞かせて頂いただけで、実際の試験に役立ったかどうかは微妙」

2023年4月から公務員として働く人たち何人かに、「先輩からのアドバイス」が参考になったかどうかを訊ねると、概ね、かえってきたのがこうした声である。

日々、刻々と時代は進んでいく。公務員の世界もまた同じ。過去の情報を徹底分析し、いざ試験に備える……という姿勢では、もはや公務員試験突破は難しくなった。というのが令和の時代の今の現状だ。

一方で、こんな声もある。

「結局、どんなに時代が進み、社会が変わろうとも、公務員試験の基本とするところは変わりようがない」

これについて20代、30代、40代、50代……と、それぞれ受験を異なった時代にこれを突破した現役・元職の公務員何人かに訊ねてみた。すると、不思議に、その意味するところは概ね一致している。

「広く浅く何にでも知識がある。これに加えてひとつ深く掘り下げた専門分野を持っている。それに加えて何か特技や特異な経験があれば、なお良し——」

まず、ここでいう「広く浅く何にでも知識がある」というところだ。

これは公務員採用試験のうち一次試験と呼ばれる筆記試験、そのなかでもマークシート式のそれで問われる一般教養で、受験者が「選抜」されると考えればいいだろう。

その試験内容は、国家公務員一般職(大卒区分)に限れば、文章理解、判断数理、知識分野、自然・人文・社会(時事を含む)といったところだ。これに加えて「行政」や「建築」といった専門科目が問われる。

「よく独学で予備校や大学の課外講座にも通っていない、それでいて情報収集もしていないタイプの受験生は、まず苦手な一般教養を攻略しようと考える。それではいくら時間があってもまず合格できない」

現在30代の現役国家公務員男性は、公務員試験突破の方法論について、こう語り、そして、「どうすれば合格できるのか」という問いについて、こう答えた。

「何がいちばん重視されているか――、そこを見極めなければならない」

▼筆記試験をどう捉えるか

この現役国家公務員男性によると、今も昔も、公務員試験のうち筆記試験でもっとも重視されるのは「行政」や「法律」「建築」といった専門区分だそう。この専門分野には論文や記述式もあるが、これも「出来て当たり前」(前出・30代男性公務員)というレベルにまで持っていく。まずはこれがスタートラインに立つための前提なのだという。

「行政区分に限らず、公務員、とくに大卒者なら専門性だ。そうすると行政のほか、建築、土木、農学……といった専門区分の試験が重視されることは当然だ。まずはここをきちっと固めておく必要がある」

そして、その次に重要なのが基礎学力だ。もっともこの基礎学力試験でも、「合格する人」と「合格できない人」の間には大きな差があるようだ。

「たとえば専門科目を仕上げるだけでも時間がかかる。そこにたった1問しか出ないような問題、例をあげれば、いわゆる理科の自然科目、酵素がどうとか、光合成がどうとか……。そこをきちんと仕上げようとして、結局、何も仕上げられないと、これはもう筆記試験突破というのは難しいよね?」(前出・国家公務員男性)

とはいえ大勢の受験生のなかで高得点を取らなければならないといわれる公務員試験だ。たったひとつの問題が解けないばかりに不合格の憂き目をみるのではないか——。この発想が「不合格一直線」だという。

「よく、どんな試験でも『たった1問が解けないばかりに』という言い方をする人がいる。間違いではないが、実際、公務員採用の筆記試験でも、大学や高校入試でも、それは第三者からみた結果論に過ぎない。大事なのは当日、何割取れるか、そして数多く出る問題、みんなが解ける問題を絶対にどんな状況でも落とさないこと、ここに尽きる」(同)

つまり公務員試験においては、まず行政や建築、林業……といった専門科目を、十分、合格するレベルにまで引き上げておくこと、もちろん満点は取れない。約8割は欲しいところだ。そして次に一般教養科目である。

「数学というと語弊があるが——。判断数理、数的数理、資料解釈。これらも8割、せめて

7割、試験当日、得点できるようにすることが望ましい」(同)

では時事問題、教養としての人文、社会、自然科学の分野をどう考えればいいのだろうか。

「極論すれば、まったく勉強しなくてもいい。なぜなら専門科目と判断数理、数的数理、資料解釈といった重要科目、これを仕上げるだけでも大変だ。それはもちろん時事問題や人文、社会、自然科学といったそれもきちんと勉強するに越したことはないが、まず受験まで時間が誰しもない。本当に必要な科目を仕上げること。大事なのはそこではないか?」(同)

こうして話を聞くと、国家、地方を問わず、公務員試験のうち、筆記試験を突破することは、「限られた時間にどれだけの知識をアピールできるか」「満遍なく幅広く知識があるか」「要領よく作業(筆記試験)をこなし、高いパフォーマンスが挙げられるか」という力が問われていることがわかる。

かつての公務員試験は、この筆記試験の結果、とりわけ席次(※2)と呼ばれる合格順位が、最終合格するか否かを大きく左右したものだ。

今でも、その名残りは残っているものの、合格順位が高ければ無条件で採用に至るかといえば、そうでもなくなってきたという現状もまたある。

※2 かつてほどではないが現在も公務員試験において筆記試験合格順位が高いに越したことはない。

「新卒者であれば、結局、自分をアピールするネタがなかなかないものだ。そうすると筆記試験の点数が高ければ最終合格しやすいといわれる公務員採用試験は、誰の目からみても客観的で公平な試験ではあるのだが……」（40代国家公務員旧Ⅱ種職採用）

実際、大学卒、高校卒でもそうだろう。学生時代に何をしたかと採用面接で問われ、多くの人が面接者にアピールできることは、「部活動でマネージャーをした。だからフォロワーシップに長けている」「小学校から高校卒時までずっとクラス委員をしていた」といった類の話ではないだろうか。

「聞く側としては話は聞く。でも、それは正直、聞かされる面接側からみると、『それで君は何ができるの？』『どう公務員としての仕事に役立つの？』という感じでいささか辟易としているところもある」（前出・同）

そうすると、採用側からみて「似たり寄ったり」な人物のなかから合格者を出すとなると、国民、市民の血税で賄う公務員である以上、「誰がみても客観的で公正な試験をクリアした」という人物でなければならない。

「なので新卒者の場合は、どうしても一次試験、つまり筆記試験での合格順位が高ければ高いに越したことはない――ということに変わりはない。ただ、今のほうが、面接時、筆記試

験での合格順位が昔ほど重視されなくなってきていることもまた確かだ」(同)

結果、学生時代、「NPO法人を立ち上げた」「会社を経営している」「海外でボランティアをしていた」といった特異な経験をした人が、多少、筆記試験での成績がよくなくても〝伸びしろ〟があると判断され、最終合格に結びつくという。ゆえに、かつての基準だと弾き飛ばされてしまう人も出てくるのだとか。

「かつての公務員試験では合格するのは〝勉強上手〟な人とされていた。今では、ちょっと変わってきて〝器用な人〟とされている」(同)

ただ漫然と公務員受験予備校に通い、最終合格まで――というのは、新卒者にとっては今や難しい時代のようだ。

それならば、今やネットでの情報収集も充実している。公務員予備校など通わず、独学でも筆記試験に合格するくらいの学力を身に付けることは可能だ。だから独学でいい……と考える向きもあるかもしれない。

これについて2023年に公務員として採用された人、5人に聞くと皆、こう言った。

「不可能ではない。でも、公務員試験を突破した者としては、それは『(公務員試験の実情を)知らない人の話』だなという印象だ」

昔ほどではないにせよ、筆記試験のウエイトが軽くなったとはいえ、やはりそれなりの重みがある筆記試験。受験予備校なしでこれを突破するのは、よほど勉強上手な人でも難しいといったところか。やはり受験予備校を活用したほうが、より最終合格、採用への近道なのかもしれない。

02 新卒者以外の公務員採用は？

新卒は筆記試験、中途採用は資格や経歴で勝負——

▼年齢オーバーでなければ新卒者枠での受験も可能

国家、地方を問わず、公務員への転職を考えている向きもあるだろう。そうした転職組へのネックとなるのが、まずは年齢だ。

かつて公務員といえば、その採用は新卒者重視。ゆえに年齢も制限されていたものである。しかし近年では随分と年齢制限も緩和され、大学卒でも30歳程度、地方自治体によっては40歳を上限としているところもあるくらいだ。

もっとも、稀に、これを次のように解釈する人もいる。

大学現役生が21歳から公務員を受験。40歳が上限なら、それまでずっと浪人できる——。

もちろんこれは誤った解釈だ。そもそも年齢制限が緩和されたのは、ひとえに「多様な人材を採用したい」というお役所側の思惑によるところだからだ。

もし、これを読むあなたが公務員で採用面接者だったとしよう。新卒、大学卒業見込みで国家公務員一般職の筆記試験合格成績が後ろから10番以内という受験者がやってきたならば、これは、筆記試験成績はさておき、まずは面接者として「どういう人物なのか」を知り、採用するか否かを決めるのではないだろうか。

では、同じく「後ろから10番以内」という成績で、面接にやってきたのが公務員浪人1年目の人だったらどうか。これもいろいろな考え方、理解があり、またその人物次第ということもある。それでも、「1年間、浪人して頑張って公務員になろうとしている」と評価は出来なくとも理解はできるはずだ。

また別の人物は、「1年間、別の企業(もしくは受験した公務員とは別の職種の公務員として)働いていた」というケースだとどうか。

これは浪人とは違う。転職のために筆記試験から受験し面接にまで漕ぎ着けたという理解になるだろう。聞くべきことは、「なぜ転職するのか」「どうして今いる職場を辞めてまで……」といった質問をされるのは、誰しも察しがつくところだろう。

それを踏まえて、もうすこし踏み込んでみよう。先の「1年間」という言葉を、「2年間」に置き換えるとどうか。

これも採用側の思惑と受験者の経歴や人物次第ということもあるが、それでも、「2年間、公務員になるために浪人していました」「2年間、別の職に就いていました」となると、やはり「1年間」と「2年間」ではその印象が随分と違ったものになるのではないだろうか。

こうしてみると絶対とは言い切れないものの、大学新卒時から、現在では採用年齢の際、上限とされている40歳まで、ずっと「多浪」を続けての受験、採用というのは、現実的には難しいと考えるのが妥当ではないだろうか。

かつて公務員受験を対象とした予備校で講師をしていた男性は、その実態をこう話す。

「たしかに公務員試験は、年齢を問わないところがある。でも、それを真に受けてはいけない。正直、浪人は1年まで。2年、公務員になるために浪人したとなると、これはよほど経歴を〝メイキング〟しておく必要がある」

この公務員受験講師がいう「メイキングした経歴（※1）」というのは、民間企業での採用でも、よくいわれていることで、長年、なんらかの事情で「履歴書に空白の期間がある」人に求められるものである。

たとえ短い期間のアルバイトであっても、それはみずからのどんなスキルを与え、そしてこれは採用後、組織や社会にどう還元できるのかを話せるかどうかに尽きるからだ。

とはいえ、これもやはり限界がある。そうすると純然たる公務員浪人が認められるのは、せいぜい1年までといったところか。なかにはこんな声もあるくらいだ。

※1　公務員になる際に提出した経歴に虚偽があった場合、採用が取り消されることもあるので注意。

「1年、浪人して筆記試験に合格して。それから面接で、みずからをアピールする内容が、『浪人して受験勉強頑張りました』では、ちょっと寂しくないか」(40代国家公務員男性)

こうしてみると年齢の緩和は「多浪」をお役所側が認めたのではなく、なにか別の職に就いていて公務員を受験したいという転職者のためのものだとみたほうが自然だろう。

▼転職者も筆記試験を突破しなければ公務員にはなれないのか?

基本的には転職者といえども、国家、地方、どちらの公務員を問わず、公務員採用試験に合格しさえすれば公務員として採用される。筆記試験も突破し、面接もクリア。これがもっともオーソドックスな公務員への入り口といえるだろう。

もっとも公務員への転職を希望しているものの、「筆記試験」への突破が困難――、平たく言えば、筆記試験無しでまさに「人物本位」での採用がないものかと考えている向きもきっといることだろう。

実際、なくはない。だが、それは何がしかの資格を有している者というのが、これまでの通例だ。たとえば弁護士や医師、薬剤師、臨床心理技師などなど……、これら資格を持つ人材を欲する行政側のニーズにあわせて、採用枠があるかどうかである。

このような資格を活かした社会人採用について、これを積極的に行っている防衛省・自衛隊関係者は、その試験の実情についてこう語っている。

「まずは年齢、それから筆記試験——。これをパスして頂きたい。でも、どうしてもうちが求めている資格ならば、多少は目を瞑ることもなくはない……」

あくまでも非公式の私見だ。とはいえ、こうしたケースでは、まずは資格有りきでの採用である。筆記試験の点数があまりにも低い、年齢が制限よりも高かったとしても、行政側が「必要」と判断すれば、採用の可能性があるということを示している。

「行政、役所といっても、民間の会社と変わりません。魅力ある人材、求めている資格。それを組織（行政側）が欲しているものであれば、何としてでも採る」（とある中央官庁元人事担当者）

もっともこうした資格を活かした採用は、あくまでも必要時に募集されるものだ。受験者、採用側である行政にとっても縁のものといったところか。

もしこの資格を活かした採用を考えてるのであれば、こまめに各役所のＨＰをチェック。加えて常に公務員採用試験のうち筆記試験、一般教養については学習を進めておいたほうがいいだろう。たとえ形式的であるにせよ、筆記試験がある場合はその対策をするに越したことはない。

そもそも公務員試験は、たとえ経験者採用といえども、誰からもみて「公平な試験」でなければならない。その意味では、民間企業と同じ発想で、受験に望むのはアウトだ。

「ひょんなことから募集を知り、慌てて対策を練った。筆記試験はさほど重視されていないという。でも、やはり受験者心理で考えると、外せないところだ」

とある資格枠、経験者枠での公務員試験にチャレンジ、見事、採用を勝ち取った現役国家公務員は、みずからの経験を踏まえてこう語り、次のような言葉を継ぐ。

「資格枠、経験者枠での受験なら、大卒区分、高卒区分と学歴に応じた一般枠採用の公務員試験、これの一般教養分野をきちんと見直しておいたほうがいい」

現職の公務員たちによると、資格枠や経験者枠の場合、筆記試験の点数によって大きく合否が左右されるかどうかはわからないものの、あまりにも点数が取れない場合、「公務員としての業務遂行に問題があるのでは」と判断される可能性もあるという。

「どういう任用の区分であっても、公務員採用試験をクリアした――というのは、公務員採用の最低条件。その筆記試験を最低限、クリアできる実力は欲しいところ」

前出の40代国家公務員旧Ⅱ種職採用の現役公務員は、試験の結果として、その点数が高いか、低いかはさておき、「試験を受けたという事実が大事だ(※2)」と言った。

もっともこんな声もある。

※2　とはいえあまりにも筆記試験の点数が低いとやはり問題視されることは言うまでもない。

「そもそも資格枠や経験者枠といった区分で公務員になるほうが難しい」

事実、資格枠や経験者枠(※3)は、その時々の行政が必要としたタイミングで、必要とする人数しか採用がない。たとえば2022年度の国家公務員経験者採用では、IT時代でもありデジタル庁が4人、そのほかでは内閣府、金融庁、財務省、環境省がそれぞれ1人ないし2人といったところだ(係長級の事務区分のそれに限る)。

「民間企業、研究所、大学といったところで、かなり実力をつけてきた猛者揃い。むしろ、この枠で入る方が大変。公務員試験、それも筆記試験に合格できないから経験者枠、人物本位での評価……というのは、率直に申せば甘い」

大学新卒で一般枠で採用された国家公務員旧Ⅱ種採用の現役公務員は、このように経験者枠、資格枠での採用について、その「人材の質の高さ」をこう語った。

では、あまり知られていないこの経験者枠での採用された国家公務員の経歴について、現役公務員複数人から聞いた、この区分での採用された人のそれをみていこう。

とある中央官庁・係長職での経験者採用

甲氏:早慶上理クラスの大学を卒業。新卒で外資系コンサルティングへ入社。3年間修行を積み、同業他社へ転職。転職先では管理職を経験。IT、財務コンサルティング業務に携わり、プ

※3 人事院、各府省庁、全国の地方自治体、警察、消防、自衛隊などのHPの採用募集ページには社会人、資格枠の募集告知が真っ先に出される。

ロジェクトマネージャーを任される。その後、ＩＴベンチャー企業へ転じ新規事業を立ち上げ、事業がひと段落したことから、「社会の根本から変えていきたい」と公務員への転職を決意。経験者採用枠に応募。とある中央官庁での採用が決まった。

乙氏：東京大学を卒業後、外資系金融機関を数社渡り歩く。一貫して財務畑を歩み、ＩＴシステムにも強い。海外での勤務経験から「外から見た日本は素晴らしい」「自分の手でもっと素晴らしい日本をつくりたい」と決意。経験者枠で国家公務員となる。本人曰く、「自分の出番が終わればいつでも公務員を辞める覚悟は出来ている」とのこと。

丙氏：地方の国立大学を卒業。邦銀勤務を経て、ベンチャー企業、外資系金融機関などに勤務。その間、国内の大学にて修士号を取得。文系ながらもバイオテクノロジー関連で学位を取得。この分野における発展を行政の立場で行いたいと思い応募。「数年、燃え尽きるまで公務員として頑張る」「定年までいるつもりはない」と面接時に言い放つ。それでも採用されたという。

事務系に限ってみても、皆、華やかというよりも錚々たる経歴を誇る人たちばかりである。この経歴をみて、「人物本位＝部活でキャプテンをした、ゼミで幹事をした」という発想を浮かべるような人は、まずいないだろう。

近年、公務員世界でも、よく耳にする「人物本位」というのは、「明日にでも公務員になった場合、結果を出せる人物」という理解である。これをよく弁えておかなければならない。

▼「経験者」の通年採用枠

政令指定都市である神戸市では、社会人経験者を通年採用している。こうした傾向は、現在、全国でも波及しており、ある調査によると全国都道府県政令市の8割にも上るそうだ。

ここ数年来、加速化する公務員の経験者採用のもっとも大きな特徴は、「実質、年齢制限の上限化の撤廃」だ。受験時、59歳でも応募可能である。

60歳定年制を敷く行政機関が多いなか、実質、1年にも満たない勤務期間だ。それでも採用する意味はどこにあるのだろうか。

「熟達、熟練した何か。それが行政に必要なこともある。たったの1年でも採用することで役所が活性化、それが市民に還元されることがある」

とある関西の市役所職員は、その採用理由についてこう語り、その実例について、次のように明かす。

「たとえば災害時への対応として元消防士、元警察官といった人が挙げられる。ほかにも元自衛官であったり。ただ、これらは公務員からの転職だ。民間からだと警備会社であったり、広告代理店であったり。やはりその時々の役所のニーズに合わせての採用だ。ただ応募してきたから採用したというのは、今のところは少ない……」

経験者枠での採用なら、どうしても「役所の事情」「その時々のニーズ」といったそれに左右されるのは、ある意味では必然のことといえるだろう。

しかし近年、これまでとは違った動きもあるようだ。前出の市役所職員が解説する。

「たったの1年でも、応募してきた人に『採用したい』という魅力があれば採用するという流れが出来つつある」

もちろん、ここでいう「魅力ある人」とは、リーダーシップがあるとか、フォロワーシップが高いとかそういった意味ではなく、何がしかの専門性、スキルに尽きる。

たとえば現職自衛官が応募してきた。災害関連に強いという。それまで役所としてはこの分野に力を入れていなかった。たったの1年しか職員としてはいられないかもしれない。それでも採用することで、何か市民にとってプラスになるかもしれない――。

そうした考え方に行政全体がシフトしているそうだ。

「目先の必要とする分野だけではなく、遠い将来に向けた採用。これは一般枠でも同じかもしれない」

前出の地方公務員は、「公務員の採用」の本質について、こう話す。公務員、民間企業を問わず、本来、職員の採用とは、組織や社会を、将来、よりよくするためのもののはずだ。

「なので新卒時、公務員試験が難しいから……とか、そういう理由で公務員を断念するのは、とてももったいない話だ。社会のために働ける仕事。必死に勉強してチャレンジしてもらいたい」（前出・地方公務員）

もっとも、前出の地方公務員は、こう話すものの難関で知られる外務省専門職採用試験に合格した現役外交官は、これとは異なる意見を述べる。

「やはり公務員の採用試験、とくに筆記試験、これは向き不向きがある。1年、せいぜい浪人して、もう1年、それで受験して合格できないとなると、これは試験そのものに合っていない。だから別の進路を探したほうがいい」

そしてこう言葉を継ぐ。

「公務員試験に合格しなくても世の中で立派に仕事をしている人は大勢いる。だから公務員以外の進路でも、国であったり、地域であったり、社会であったり、公の仕事を在野の立場で頑張ればいい。そういう人ならば、いつか、きっと、役所の方から、『是非、来てください』とプロポーズされる。今はそういう時代だ」

やはり、どんなに時代が進み、社会が変わっても、「公のため」という意識が公務員には必要である。それさえあれば採用試験に向けた勉強もまた張り合いがでようというものだ。

今、時代が進み、経験者の通年採用枠も充実してきた時代、先の外交官が言うように、「在野の立場」で頑張っていれば、役所の方から声をかけてくれる時代である。それまで「公のため」という意識を持ち続けることが大事なのではないだろうか。

なお、近頃の公務員社会人経験者枠の採用では、いわゆる筆記試験を撤廃、小論文と英語を含めた面接、集団討論をもって採用試験とする流れが加速化しつつある。

2023年の外務省総合職の経験者採用も、この例に倣い、採用が実施される運びだ。これについて「筆記試験組」である外務省専門職員採用の現職は、こう私見を述べた。

「優秀な人材がさらに増える。もう筆記試験という時代ではない――」

流れは〝人物本位〟に軍配が上がるようだ。かえって公務員試験は難しくなるだろう。

Column CASE 1

非正規採用の公務員、その実情は？

幾度となく行われた行政改革で増えたといわれるのが非正規採用の公務員だ。この枠で採用された彼、彼女たちの仕事は正規採用の公務員とほとんど変わらない。

「とてもやりがいがある。筆記試験をパスしなくても行政に携われるのは嬉しい限り」

こう語るのは大学卒業以来、とある関西の市役所で非正規職員として働くサクラさん（仮名・35）だ。そもそも、この非正規枠での採用をどうして知ったのか。

「大学からの紹介だった。今ではそうした募集はなく、すべてオープン。役所がHPで告知している。もし今の時代なら、私は受からなかっただろう」

今、非正規枠の公務員を採用している役所は数多い。中央官庁、地方にあるその出先機関、そして都道府県庁、各市役所——、これらすべてに非正規採用の職員がいる。

その業務内容は、これまた人によって異なるというのが正直なところだ。若い新卒の人なら事務補助的な業務。これが年齢を重ねて業務に理解が深まると政策や企画立案のアシスタント業務にまで携わることもあるという。

「かつては女性が多いといわれていた。でも、今ではそんなことはない。男性も大勢いる」

令和の時代では、もう死語ともいえる「男女平等」の絡みもあり、「女性だけの職種」「男性のみの採用」というのは、行政としてはよろしくないという背景がそこにはあるようだ。

「中央官庁や国の出先機関といった『大きなお役所』では難しいかもしれないが、地方のこじんまりとしたお役所なら非正規採用でも、実質的に企画、政策といった業務に携われる——」

サクラさんが言う、「実質的に」というのは、非正規職員が行った仕事は、最終的には正規職員、なかでも管理職の仕事、成果になるからだ。

「それが非正規職員ならではの悲哀だ。偉くなりたいと思っている人にはちょっと辛いかもしれないが……」

しかし、サクラさんは、こうした非正規職員ゆえの苦労を、あまり感じたことはないと話す。

「実際、正規職員でも偉くなりたいという人は、あまりいない。正規、非正規関係なく、和気あいあいと仕事をしている。もちろん市民のためだ」

正規と非正規職員の大きな違い——、いくつか挙げられるが、そのひとつはまず「役職に就けない」ということだろう。管理職になるには正規職員である必要がある。

「では、非正規職員が筆記試験を受けて……、ということもあるだろうし、筆記試験を受けなくても『経験者枠』として採用されるケースも地方ではあり得る。この場合は、もちろん非正規職員としての勤務態度が問われるが……」

非正規採用だと給与面でも正規職員に比べて不遇だという声も多々耳にするところだ。

「でも、それは仕方のないことではないか。その分、非正規職員はいつも定時に仕事を終えている。見方次第では楽をさせて頂いている」

サクラさんの出勤時間は朝8時50分。通勤には車を用いている。地方の山間部だからこそ自動車通勤も可能というものだ。都市部ではこうはいかない。退勤は17時。その10分前には「退勤準備」として業務を終える。

「朝10時と午後3時にはお茶の時間だ。そのときにはお菓子が配られる。30分くらい休憩してもいいが、あまり休憩を取る人はいない」

月の給与は17万円。ボーナスはない。

「地方なのでこれくらいあれば十分暮らしていける。ひとり暮らしでもやっていける」

こう語るサクラさんは、近年、正規、非正規雇用を問わず公務員という仕事そのものが転換期に来ていると感じることが増えたという。

「行政全体がスリム化して非正規職員が増えてきた。定年退職した男性管理職も、非正規の非常勤職員として働いている。これだと益々、公務員の数はすくなくなるのではと……」

実際、社会のIT化により、公務員の業務は随分と簡略化され、その必要とする人員は大きく減ったという。だが、それにより市民とのトラブルも増えてきたという声も多々聞くところだ。

時代が進めば進むほど技術も進歩。事務処理も簡略化される。だがときに進みすぎた技術により、ミスが起きる。それに対処できるのは、やはり人間にほかならないといったところか。

第2章

公務員の考え方［パンフレットには出ないキャリアパス］

03 エラくなる？　それとも職場でなくてはならない人になる？

どうすれば「なりたい自分」になれるのか？

▼キャリアから総合職へ

かつて公務員、とりわけ国家公務員といえば、古くは高等文官と呼ばれた職種を源流とする、国家公務員上級甲種、国家Ⅰ種といったキャリア組と、それ以外のノンキャリア組（※1）という職種の違いがよく知られていたものだ。

キャリア組で入省すると、遠い将来、お役人世界でのトップ、事務次官（庁であれば長官）も夢ではなかった。事務次官や長官といわずとも、本省庁の局長、地方の出先機関の局長といった管理職も視野にみえてきたものである。

たとえば「省庁のなかの省庁」と今も昔もお役人性質の間では存在感のある役所、財務省では、その職員数は本省だけでおよそ1万7000人といわれている。このうちキャリアとして入省した人たちは、約7％に過ぎない。

ここに毎年約20人程度のキャリア組（かつての国家Ⅰ種合格者、今の国家公務員総合職）の新人が入ってくる。彼らは新人時代から、その役人人生を終える定年退職、そしてその後の人生もずっと同期として結束すると同時に助け合う、「生涯のよきライバル」となる。

このある年のキャリアたち同期のうち、最終的には1人が一般企業でいうところの社長である事務次官へと昇り詰める可能性を秘めている。

※1　ノンキャリア採用でも選考を経てキャリア待遇となる者もいる。

ここで「可能性」と書いたのには理由がある。かならずしもお役人トップである事務次官にある年のキャリア組同期生のなかから出るという保証はないからだ。

財務省に限った話ではないが、東京・霞が関にある中央官庁にキャリアで入ったとしてもお役人トップである事務次官にまで昇るのはキャリア入省者たち3年にひとりといわれている。もちろん巡り合わせよっては、「2年にひとり」とか、「いやいや4年にひとり」だという人もいる。いずれにしてもキャリア入省者同期中、ひとり出るか出ないか。まず出ない……というのが霞が関での実情だ。

そんなキャリアたちの意識は、昔と今とでは随分変わってきたという。

とくに昭和の終わり、平成の初め頃までは、キャリア入省者たちは、こぞって事務次官職を目指したものだった。

東京大学卒、元財務省でキャリアとして入省した現在50代後半の男性はこう語る。

「折角、（事務次官になれるかもしれないという）資格《キャリア》があるわけだ。目指さないのはもったいないというか後ろ向きな感じがしやしないか？」

しかし、こうしたキャリアならではの意識は、時代が進むにつれて大きく変わってきた。あまりにも忙しすぎる、みずからのプライベートすべてを犠牲にしてまで（※2）、事務次官を目指すものではない……という考え方をするキャリア入省者も増えてきたからである。

今、40代前半で中央官庁に勤務するキャリアのひとりは、その実情を次のように語った。

※2　キャリア採用でも激務をこなさなければ出世は覚束ないのが現状だ。

「そもそもキャリアで入る人……これは皆、優秀なんだ。学歴や偏差値だけで人の価値は計れない。でも、キャリアの多くは東大卒、それも東大のなかでも優秀な人が多いといわれる文Ⅰから法学部か教養学部だ（※3）。その優秀な連中のなかで、さらに努力して、まだ頑張って……といってもね。限界がある」

この40代キャリア氏曰く、「出世したいとギラギラしたヤツは絶対に中央官庁では出世しない」のだそう。そのココロは、「役所のシステム上、努力してデキるヤツは嫌われるから」だとか。さほど努力をせずとも、「とてつもなく素晴らしいパフォーマンスを残せるヤツ」が出世の階段を駆け上っていくのだという。

「たまにエラくなりたくてキャリアの試験を受けて合格。キャリアとして入省しました……というタイプの人がどこの役所にもいるが、そうした人材は、どこかで間引かれていく」

時折、キャリア、すなわち官僚世界で耳にする「間引く」という言葉。これはキャリア入省者が、早い人なら課長補佐くらいから、そして課長、地方の出先機関や本省庁の局長くらいになると、お役所の外郭団体や民間企業、地方自治体などなどから、

「どうかうちへいらしてください。優秀な人材をうちは求めているのです——」

※3　近年では「東大生のキャリア離れ」が進み、代わりに東京のGMARCHクラスの私立大卒生が台頭してきているという。

という求めに応じて「請われて外へ出ること」を指す。

「人によっては本当に請われて、人によっては肩叩き……、どう取るかは本人と呼んだ外の人たち、そして周囲の人たちの声にもよるが」（前出の40代キャリア）

いい悪いではなくお役所の常で、お役人トップである事務次官に就いた人が出れば、その同期生たちは、全員、省庁外に去る――という不文律がある。

民間企業と違い、お役所ではいちばん上の役職に就いた人からみて、同期生はもちろん、ましてや先輩までいれば、思う存分、采配を振るえないから、という考え方があるからだ。

「請われて（お役所の）外へ出る前に、若い人たちは自分で役所の外に出る人もいる。それはよくメディアの人が面白おかしく言うような『役所に見切りをつけた』とかではなく、役所よりも自分らしく働ける。そのほうが国民の皆さまのお役に立てるから、という意識からだ」

財務省をはじめとする中央官庁を例に取ると、大学を卒業して入省。本省で係長、課長補佐、地方の税務署長や海外留学などを経て、お役人としても脂の乗ってくる時期、キャリアで入省した者ならば、誰しも悩むことがあるそうだ。

「管理職になるか。それともある特定の専門分野のエキスパートとなるか――」

だが、ある特定の分野のエキスパート――財務省であれば主計、主税といったそれ。外務省であればある特定の地域や語学、政策、もしくは会計、法律（条約）といったそれなど――というものを持つのは、そもそもキャリアの仕事ではなくノンキャリアの領域だとお役人世界では考えられている節がある。

「古い人たちはそうかもしれない。でも、それ、『いつの時代の話ですか？』という感じだ」

前出40代キャリア氏は、かつての〝キャリアの常識〟をこのように否定。今ではキャリアもノンキャリアもその垣根は低くなってきたという。

「だって考えてみてください。キャリアが20人入って、定年までにトップ、2番手くらいまでを残して、皆、外へ出される……、どう考えてもおかしいでしょ？」

こう言うなり40代キャリア氏は、東大卒・キャリア入省でも、「仕事は出来るが人望がない」「仕事も出来て人望もあるが、遠い将来の先行き、見通しが甘い。その場、その場での対処療法的な対応に長けている者」「仕事は他人任せ。なぜか人望が厚い。でも遠い将来を見据えた判断は周囲も一目も二目も置く人材」――と、いくつか例を挙げ、このうち誰がお役人トップにふさわしいかを力説する。

「極論すれば仕事が出来ず、人望もなく。でも、その判断は後々間違っていなかった……そういう人が事務次官云々ではなくキャリア、管理職に向いているのではないですか」

前出40代キャリア氏は、ここまで話し、「だから、試験制度も変わったし、役所のなかでもキャリア、ノンキャリア、どちらもその扱いが変わりつつある」と話す。

では、長らくお役人世界の慣例とされていたキャリア、ノンキャリアと呼ばれる職種の垣根は本当に変わったのか。次ではその実際をみていきたい。

04 「総合職」と「一般職」
今ではただ「入り口の違い」というだけの話

▼公務員の多くはノンキャリア——

公務員としての入り口がどうか——、今では、誰も気にしていないというのが実際のところだ。

「キャリアで入ったから。ノンキャリアだから……。役所に勤めている人の大半はノンキャリアだ。ドラマや小説みたいにキャリアで入った者がノンキャリア相手に威張り散らして、なんてことはまずない」

先に紹介した40代キャリア氏とは、「職種の違う同期」である40代ノンキャリア氏は、キャリアとノンキャリアの実情をこう語った。

かつての国Ⅰ、国家公務員Ⅰ種職、そして現在の「国家公務員総合職」を今でもキャリアと称することがある。対してノンキャリアは今の「国家公務員一般職」や「国税専門官」などにみられる専門職を指す。

国家公務員のなかでもわずか7％に過ぎないキャリアに比して、実に93％がノンキャリアで入省した人たち、これがお役所の実情だ。

「ノンキャリで困ること——別にない。むしろ、『キャリアだからこそ困ること』のほうがありやしないか」

40代ノンキャリア氏は、ゼネラリストの養成を目的とするキャリアは早く昇っていくからこそ「辛いだろうと思う」とキャリア職の人たちを慮る。

「大学卒で入省したとする。22歳。ノンキャリアなら10年目、32、3歳で係長になる。でもキャリアなら25歳で係長。7、8年早いよね」

ここで、「さすがキャリア、出世が早い」と感心している場合ではないと、40代ノンキャリア氏は釘を刺す。

「それだけ責任を伴うわけだ。『僕、若いから知りません』では、役所内外ではすまない。若くても役職に伴った責任が問われることになる」

だからといってノンキャリアの職員が「キャリアに比して楽だ」というわけではない。

「いくらキャリア制度が崩れ、ノンキャリアとの垣根が低くなったといっても、ノンキャリアに求められているのは、やはりある特定分野のエキスパート、プロであることだ。見方によってはノンキャリアのほうが大変かもしれない」

こちらは冒頭部から触れている40代キャリア氏からみた「ノンキャリア像」だ。キャリア氏、ノンキャリア氏、ふたりの話を総合すると、概ね、次に集約されよう。

「何がしかの専門性を極めていないノンキャリアはお役所でとても居心地が悪いだろう」

「たとえば会計といった専門分野があったとする。ノンキャリアはキャリア以上にこの分野の知識があってしかるべきだが、それがなく若いキャリアのほうが、その分野について短い時間で精通したとなるとノンキャリアとしては肩身が狭い」

「ノンキャリアとしての専門性では実力が発揮出来ない人でも、案外、管理職として力を発揮する人がいるものだ」

公務員のうち大多数を占めるノンキャリアと呼ばれる人たちの仕事、その大変さは、「絶対に間違えられない」ことだと言われている。前出40代ノンキャリア氏が語る。

「財務省だと経済に関することで間違ったことを言えば、日本のみならず世界の経済がおかしくなる。経済産業省だと企業の存続を左右することもある。厚生労働省だと人の命を左右しかねない……。この役人としての責任にキャリアもノンキャリアもない」

こうしたお役人世界の実情を踏まえて、キャリア制度を崩し、ノンキャリアのキャリア待遇登用といった人事をより進めやすくする目的で改変されたのが現在の「国家公務員総合職」と「一般職」だと言われている。

「かつての国Ⅰ、国Ⅱ採用者でも、すでに入れ替え——国Ⅰ採用者の後半組を国Ⅱ採用者の上位層に取って代わらせる——とったことも既にしている。人事制度が変わって、よりキャリア、ノンキャリア問わない柔軟な人事が出来るようになったことはたしかだ」

この〝入れ替え〟は、霞が関の中央官庁だけではなく、地方自治体、全国の都道府県警察、消防、自衛隊といった公務員世界でも、いまや当たり前になりつつある。

公務員はプライドの高い人たちだと昔は言われてきたものだ。総合職(キャリア)で入省した人たちが一般職(ノンキャリア)の人たちと入れ替わる(※1)——、これを当の総合職と一般職の人たちはどう思っているのか。

まずはキャリアたちの言い分だ。

「かつての国Ⅰ、今の総合職、どちらでも一緒だ。キャリアといっても同期入省者20人もいる。正直、〝本当のキャリア〟は、上位入省者5人くらいまでではないか。下位であれば、ノンキャリアの優秀な人とさほど変わらない気がする」

旧国Ⅰ種採用の40代後半の現役キャリア氏はこう言う。そして次の言葉をつけ加える。

「採用試験時についた席次、これは筆記試験をもとにしたものだが……、たしかにこれがあまりにも低いとたとえキャリアで入ったところで、将来、事務次官や局長級にすら昇れないのが現実だ。でも、ノンキャリアの上位層と入れ替わることで、また別の進路が開かれてきたともいえる」

先でも触れたようにキャリアなら役職が上に行けば行くほど、「省外に出される」可能性に

※1 近年、どこのお役所でも珍しくない光景。

怯えなければならない。でも、キャリア制度が崩れつつあるといわれる今、成績上位ではないキャリアでも長く省内に残れる可能性が出てきたという訳だ。

「たとえば本来ならノンキャリアの仕事とされる、特定の何か専門分野のエキスパートにキャリア、今なら総合職で入省した者が就く。そして省内でエキスパートとして活躍する。それはそれで何の問題もないだろう。その逆もまた同じだ。ノンキャリアで入った人が管理職としてのマネジメント力が認められてキャリア待遇になった。何がしかの専門分野にも精通したキャリア待遇のノンキャリアの下でノンキャリア的な仕事をするキャリアがいる――キャリア制度が崩れてきたというのは、そういうことだ」

こうしたキャリア、ノンキャリアの垣根が崩れた組織の雰囲気は、意外にも中央省庁に先駆けて陸海空の自衛隊でも、すでに行われている。

多少の異論、反論はあるかもしれない。

そのうえで自衛隊の実情をレポートすると、中央省庁でいうところのキャリア、総合職に相当する防衛大学校卒や大学卒で幹部候補生として入隊してきた、いわゆるA幹部の人たちと、主に高校卒入隊で幹部に登用されたB幹部(※2)、C幹部の人たちでは、かつて、とくに明文化されているわけではないものの、明確に、このポストはA幹部、このポストはB幹部、このポストはC幹部にしか就けないというある種の不文律があったという。

しかし、ここ十数年来、こうした不文律は加速度的に崩れ、A幹部、B幹部、C幹部という職

※2 高校卒後入隊し、旧軍でいう下士官を数年勤めた者から選抜される。自衛隊の幹部自衛官の多くはこのB幹部で占めているという。

種ではなく、「この人の得意分野からこのポストに就ける」という、適材適所での人事が行われているそうだ。

この適材適所の人事について、防衛大学校出身の2等海佐は、「現役幹部自衛官である個人としての意見」と前置きし、その実情について、こう話す。

「たしかに防大卒なら24で3尉、これを二年やって2尉……、3佐までは同期生一律で足並みを揃えて昇進する。とはいえ浪人などせずストレートで3尉になったとしても24歳だ。ごく一般の企業さんでも、職制上、10歳年上の部下というか、指示を受ける立場の人とかいるよね？　実際、自衛隊の部隊で仕事をしていると、防衛大卒とか高校卒で叩き上げた幹部とか、そういう任用区分の違いなど話題にもならない」

自衛官なら入隊してすぐ、転勤して間がないときなどなど、何がしかの人事が行われた際、「あの人は、キャリア」「あの人は防大出身」と話題になることはあるかもしれない。

とはいえ、公務員になってからずっと「任用区分」だけで、その後も話題を独占し続けるかというと、それはないということは、公務員世界を知らない人でもよくわかる話だ。

実際、民間企業、公務員世界を問わず、学歴と「任用区分」が話題となり、それが評価されるのは、せいぜい入省して3年程度ではないだろうか。

「新人として扱われる1年生、古手の仲間入りを果たした2年生、一人前として扱われる3

年生までなら、どこの大学を出たとか総合職で入っただのの話題になることはあっても、4年を超えると、誰もそんなことに興味を示さない」

人事制度はもちろんのこと、意識の面でも、もはやキャリア、ノンキャリア制度そのものが、もう昔の話なのかもしれない。

05 全国転勤OK？ それとも徹底した地元志向？

地方公務員でも東京や大阪への転勤がある？

▼地元以外の場所での勤務は嫌ですか？

地方発の時代といわれる。そうした時代にあって公務員のなかでも、地方公務員の人気はずっと衰えることはない。その地方公務員を目指す人何人かに、どうして国家公務員ではなく地方公務員を目指したのかを訊いてみると、概ね、この答えが判で押したように返ってくる。

「地元で働きたい。転勤がないから――」

やはり地方公務員、とりわけ地元の県庁や市役所などに勤めようという人たちの本音は、やはりここにあるのだろう。

しかし、このうちずっと地元で勤められるかどうかは難しいところがある。40代半ばを超えた政令指定都市の市役所に勤める課長職の男性の話を聞くにつけ、「世間が考えている地方公務員像」とは、多少の異なりがあることがわかる。

「大学を出て市役所に入った。ずっと地元で勤務させてもらえると思っていたが、東京には2回、勤務している。一回目は3年、二回目は4年、合計7年、東京勤務だった。自分でもびっくりしている」

この課長氏の東京赴任は、一回目が東京・霞が関の中央官庁への出向だった。中央官庁と地方自治体では、時折、人事交流があり、地方公務員でも中央官庁に勤務する機会に恵まれる。

「もちろん本人の希望、それからポストに空きがあるかどうかのタイミングもある。私はとある経済官庁への出向だった。地方公務員として、もうすこし視野を拡げたいと思っていた時期、それを上司に話した。半年後にはもう東京の霞が関にいた」

3年間の中央官庁勤務では、「東京や中央官庁が地方をどうみているか」という視野を持つことができたという。そして、それ以上に得たのが中央官庁との人脈だそう。

「霞が関の本省で勤めている間は無我夢中で、ただただ業務に忙殺されていた……というのが正直なところだ。出向期間が終わり、地元に戻って、それからだ。中央官庁での出向経験が活きてきたのは――」

地元の市役所に戻り、地場産業を振興する部署に就いた課長氏は、中央官庁で学んだ政策立案や東京で関わった主要メディアを用いたPRなど、〝地元のため〟の仕事に邁進する。

そんな日々にも慣れた頃、意外な人から連絡が来る。

「中央官庁への出向時代、顔は知っているけれどほとんど話したことのない同僚というか、中央官庁プロパーです。『地元で頑張っていますか？』という感じで連絡を頂いた。以来、個人的にもいろいろやり取りさせて頂いている」

この中央官庁職員との交流は、出向期間終了とともに、すこし細くなっていた中央官庁、ひいては東京・霞が関の中央官庁とのパイプを再び太くした。

とある東京・霞が関の住民である国家公務員は、こうした中央官庁と地方自治体職員の交流の実態について、こう個人的な見解を述べた。

「中央官庁職員のほうは、『地元に戻った地方公務員とつきあうことで地方の実情を知りたい』のだろう。その逆もまたしかり。地方公務員なら出向先だった中央官庁の職員と交流を持ち続けることで、たとえばみずからが打ち立てた政策を中央官庁に世論を盛り上げてもらうとか、陰日向を問わずバックアップを期待するとか。やはり〝一緒に働いた仲〟というのは大きい」

地方公務員の場合、この中央官庁出向以外にも東京勤務(地方自治体によっては大阪も)の機会もある。

在京の「東京事務所」だ。

今、全国の都道府県、並びに政令指定都市など、約60の地方自治体が、この東京事務所を構えており、ここでは国会、中央官庁との連絡、情報収集、首都・東京に本社を置く民間企業との連絡、情報収集といった業務が行われている。

もちろん業務はこれだけに留まらない。東京でしかできない重要な業務がある(※1)。関西のとある県で東京事務所勤務を経験した課長級の職員がこれについて次のように語った。

「地元のPRだ。これはたとえば○○県なら、首都・東京で○○県のアピールをすること。そして地元企業の東京での活動のサポートもある。これらに派生して東京に本社を置く企業に○○県に工場や拠点を誘致するといったそれも行っている」

また、東京に住む○○県出身者との交流、U、I、Jターン移住のPR、サポートといった業務も行っているのだとか。東京事務所のほか、大阪事務所でもほぼ同様の業務が行われてい

※1　地元の県会、市会議員の上京時の世話、アテンドも行うこともあるという。

る。

こうしてみると地方公務員だからといって、その地方でのみ勤務、定年まで……というわけにはいかない現実もあるようだ。前出の政令市課長氏は、地方公務員の東京勤務について、みずからの経験を踏まえて語った。

「あまり転勤したくない、でも、公務員として働きたいというのなら、案外、国家公務員のほうがいいのかな……と。今でいう国家公務員一般職で中央官庁の出先機関に勤めるといい。近畿とか九州とか。もちろんそれでも本省への出向はあるが、そうした希望を決して出さない。またそのような人事のオファーがあっても受けないという姿勢を常日頃から出しておく。それなら採用から定年までエリア内での転勤はあったとしても、基本的には地元で公務員生涯をまっとうできるのではないかと個人的には思う」

これはこれでひとつの考え方といえるだろう。

国家、地方を問わず、公務員として「どう生きるか」、その軸がしっかりしている人ほど、市民に慕われ、お役所では上司や同僚にも恵まれる時代になってきたといわれる今、採用前の受験時から、みずからは地元で生涯をまっとうしたいのか。それとも全国どこでも転勤を厭わないのか。はたまた東京や大阪といった主要都市と地元を往復、地元のために働きたいのか――。

それをしっかりと考えておかなければならないのが、今という時代である。

06 公務員も気軽に転職する時代

キャリアからノンキャリアへ転職も!?

▼プライベートも見据えた進路を考える時代へ

公務員といえば、かつては採用から定年まで、ずっと勤め続ける仕事だと誰もが思っていたものである。しかし近年、その様子は大きく変わってきたようだ。

「たしか防衛省だったか。キャリアで入省して警察に出向。地方の県警本部で課長職を勤めた人がいた。そこで『もっと市民と直接触れ合う仕事をしたい』とキャリア公務員を辞め、県警に一巡査として入りなおしたという人もいる」

「厚生労働省にキャリアで入り、『ちょっと違う』『専門性を身に付けたい』という理由で退職。翌年、財務省税関に一般職（かつてのⅡ種職）で入りなおした人がいるようだ」

「財務省に一般職（同）で入ったけれどもデスクワークが合わないと海上自衛隊幹部候補生へと転じた人がいる」

――こうした話は、その昔なら、「(わざわざ採用試験に受かったのに辞めるなんて)もったいない」「キャリアからノンキャリアへ。何のために難しい試験をパスしたのか」といった含みを大きく感じさせるものがあった。

ところが近頃は、そのニュアンスは大きく異なる。むしろ、「羨ましい」「うまくやったな」といったそれだ。

「職場環境に恵まれているといわれる公務員だ。でも、なってみて、『これ違ったかな』と感じることは不思議ではない。だったら、そのままいやいや続けるよりもスパッと別の進路を探すほうが、自分にとっても、また役所にとっても、そして国民にとっても、意味のあることではないか」

中央官庁の出先機関に長らく勤める40代前半の自称・万年係長は、公務員の転職事情についてみずからの思うところをこのように語った。

「最近は公務員から公務員への転職。これが結構、目立ってきたという印象が強い」

この万年係長氏曰く。「とある役所から違う役所へ――」、これはもはや異世界への転職と同じだという。万年係長氏は言う。

「高卒で経済産業省の出先機関に入ったが放送大学で大卒資格を取得。大卒枠で国家公務員一般職を受験し直し、得意の語学を活かして財務省税関に入り直したというケースを耳にした。いい選択、キャリア・アップだ」

かつて「公務員から公務員への転職」といえば、より高いキャリアへ。すなわち「キャリア・アップ」が常識だった。しかし、価値観の多様性について議論される時代、こうした上昇志向ありきのキャリア・チェンジだけではなくなってきたのが実情である。

「たとえば新卒で、国家公務員総合職に合格、採用されて中央官庁へ。そこでいろいろ視野を拡げて、自分の目指すこと、やりたいことが地方にあるとわかったのなら、もう中央官庁に見切りをつけて地方自治体へ転職してもいい。実際、そうした話は、今や珍しいものでもなんでもない」

前出・とある中央官庁の万年係長氏は、「役所のなかでも、働き方に多様性が出ることで、より働きやすくなる」とし、こう締め括った。

「そもそもかつてのキャリア、ノンキャリア制度は、新人をベテランにするまで、すべて役所の人事サイドが面倒を見る……、育て上げるという前提でした。今はもう、優秀な人は自分でキャリアを形成していく。デキる人よりもデキた人が採用される時代の到来だ」

なかには、こんなケースもある。中央官庁、地方自治体、民間、士業職……、これを行ったり来たりするというものだ。続けて、とある中央官庁の万年係長氏は語った。

「たとえば大学卒業時、新卒で中央官庁へ。そこから民間に出て、採用試験を受けて地方自治体へ。司法試験や公認会計士試験に合格。士業職を経験して、その枠でまた中央官庁や地方自治体へと戻って来る。そんな人もボツボツ出てきている」

価値観の多様性、みずからの裁量でキャリア形成が求められる時代の今、これまでのように、ただ大学を出た、たとえば語学に秀でているといった専門性があるだけでは、公務員としてはやっていけないという現実があるようだ。

「魅力ある人物なら、たとえ役所に長く居なくても役所は採用したい。一緒に仕事したいと思うはずだ。たとえその短い時間でも、それが充実した時間であれば、それはひいては国や社会のためになるから」

とある中央官庁の係長氏はこう語る。これからの時代、今まで以上に、「みずからの意思」があるかどうかが、問われるといったところだろう。

よく巷でいわれる、ただ上からの指示に従っているだけの者は、どんな職種でも公務員として勤まらない時代のようだ。

Column CASE 2

私生活を充実させたい人こそ公務員——

ノホホンとして過ごす人生を歩みたい——。かつてそんな人生設計を描いていた人が公務員を目指すことも珍しくはなかった。今でも、そうした傾向はなくはないという声もあるくらいだ。

「高校卒で役所入り。上から文句言われない程度に仕事して、あとは9時5時。プライベートを充実させて、楽しく人生を終えたい」

こう語るのは、かつての国家Ⅲ種、高卒枠で、今の財務省税関に採用された50代男性だ。

プライベートでは趣味のサッカーとギター、公務員採用後は、これに車とバイクが加わる。

「とにかく仕事で文句言われると、趣味に没頭できない。だから仕事は上司から叱られないようにピシッとしてきた。それが良かったのか、悪かったのか……」

現在は、とある税関で課長補佐級の職に着く、この50代男性は、高卒時、「とにかく勉強は嫌」「早く社会に出たい」「とにかく遊びたい」という方針で、進路を決めたという。

ただ、そうした基準での進路選びだからこそ、「絶対に潰れない会社」「遊びすぎてもクビにならないような身分保障の手厚いところ」という基準で、どういった進路があるのかを真剣に考えたそうだ。

「まず英語が好きだった。スーツを着て仕事をするのもいい。しかし制服のほうがいいかなと。あれこれ職場に行くのに服で悩むなんて時間がもったいない。それに税関の制服はカッコいいし」

そんな崇高な動機で浮かび上がったのが財務省税関だったという。もちろん謙遜しているところもあるだろう。でも、次の言を聞くと、どこか進路を考えるうえで、とてもシンプルな問いに応えているような気もするのだ。

「だって仕事というか、職場というのは、人によっては10代後半から定年するするまで。50歳、60歳まで、ずっと過ごす場だよね。そうなると、より自分らしく振舞えるところ、それを認めてくれるところがいい。それを探すのが就職活動であったり、公務員試験ではないか」

こう語る課長補佐氏は、さらにこうつけ加える。

「公務員試験——、点数を取れば、自分をアピールするチャンスに恵まれる。とても公平な試験ではないか?」

勉強嫌いだったという若き日の課長補佐氏は、今日でいう〝ゲーム感覚〟で、今も当時も難関といわれる公務員試験を攻略したという。

「まず国家公務員試験の過去問題集を読んだ。一見、試験問題をみると、なかなか簡単な問題もある。だから解けそう、合格しそうに思える。これがひとつの落とし穴だ……」

この課長補佐氏によると、「俺が解けそうだと思うのだから、他の受験生は皆解ける」と考えたのだそう。

「なので、これは自分で勉強していたのではダメだなと。参考書の類、これもどうしても自分流の解き方になってしまう。それでは俺では合格できない……と。だからゲームではないけれど、味方を作ることにしました」

その味方、これこそが予備校だ。予備校では、参考書の類も全部揃っている。また講師陣も、その道のプロばかりである。

「予備校に行って思った。解けそうで解けない問題に執着していては、とても全範囲カバーできない——」

こうして予備校通いの末、無事、希望通り税関に採用。採用後も、予備校で学んだように、「とにかく誰かに聞く」「決められた時間内に全範囲カバーする」という仕事ぶりを心がけたそうだ。

「そうすると、公務員の世界、いや民間でも同じだろう。公平な基準でみれば仕事がデキるヤツという扱いになってしまって……」

こう謙遜する課長補佐氏だが、とにかく私生活では遊びたい、当時交際していた彼女、後の妻との時間を充実させたいとの事情から、仕事でわからないことがあれば聞く。これを徹底し、日々の業務ではミスをしないようにしたという。

こうした仕事ぶりが評価されて、やがて財務省本省への出向も経験。今、課長補佐氏は職場では押しも押されもせぬエースとして活躍している。

動機はどうあれ、きちんとした仕事ぶりがみとめられる世界、それはいつの時代でも変わらないようだ。

きちんとした人事評価——公務員の良さはここに尽きよう。ひとりの公務員について、誰が、いつ、どこで評価しても、さほどその評価は変わらないような仕組みが整えられている。

「評価をする側もまた誰かから評価されている。恣意的な評価をつけたなら、自分の評価を下げかねない。もちろん人間なので感情論として、『こいつとは肌合いが合わない』『理屈抜きに人間として嫌い』というのはある。しかし、それを公の人事評価として反映されるようでは、公務員として失格だ」

経済産業省の出先機関に勤める課長補佐は、このように、まず公務員の人事評価システムについての公平、公正さについて述べた後、こう言葉を継いだ。

「だから公務員の私生活について、『何をすれば問題がないのか』『何をしたら公務員としていけないのか』がはっきりしている。誰の目にもわかりやすい。押さえるポイントがわかる。これは案外、どこの世界でもあるようでないものではないか」

民間企業への就職、契約社員としての雇用、自営業といった働き方では私生活をどう過ごすか——、そのスタンダードとなる基準、それが示されることはない。

だから、想像もつかないトラブルに巻き込まれることもある。

たとえば、とある外資系金融機関で上司が部下を自宅に招いてホームパーティをした。それをＳＮＳにアップした。これをみた顧客が羽目を外した金融機関社員の様子を見て、「この人たちにお金を預けるのは……」と金融機関への不信感を露にしたという話がある。

「公務員だと、まず、こうした内容をＳＮＳにアップするようなことはしない。日頃からＳＮＳとマスコミには気をつけろと徹底指導されているし、自分の立場――公務員という立場がいかに大勢の人から注目を集めているか、その意味がわかっているからだ」（経済産業省のとある出先機関の課長補佐）

何をしたらアウトか。これがわかっている。だからトラブルを避けられる。これを私生活まで管理されているとみるか、マニュアルが徹底しているとみるかは人それぞれだが、いずれにせよトラブルから守られた私生活であることはたしかなようだ。

第3章

公務員になるなら何を覚えておけばいい？

［身に付けておきたいこと］

07 どんな人が公務員を目指しているか？

昔「志低く、でも仕事できる」。今「志高く、でも仕事できない」

▼公務員になることが「ゴール」から「スタート」へ

かつて公務員といえば、勉強上手であれば合格、採用される――そんなイメージがあったものだ。なので、「たった一回の試験（公務員採用試験）に合格すれば人生安泰」とまで言う人もいたくらいだ。

事実、バブル期の終わり、給与面で優遇されているといわれていた民間企業が人気の時代に公務員になった50代男性は、当時を振り返り、こう話す。

「人気がないといっても、やはり公務員試験は難しかった。高卒枠で国家Ⅲ種、地元の警察官、消防士、自衛官、県庁と、受けられるものはすべて受けた。どうにか第一志望の県庁に引っかかったが、年々、公務員になる人のカラーが変わってきた気がする」

高卒採用、30代後半で係長に。以来、今日まで「係長を極めた」（本人談）ベテランの50代男性は、昭和の終わりの時代、その後の平成、そして現代の令和と、時代を経るごとに、公務員になる人の志、目指すものがとても高くなってきたという。

「正直に告白すると、昭和の時代、公務員を目指す人は、『公務員になることがゴール』だった。それ以上でもそれ以下でもない。ところが今では、そんな低い志では、とても採用試験に合格できない。それだけ採用側の受験者を見る目も厳しくなっている」

この万年係長氏曰く、安定した就職先としての公務員――昭和の終わりから平成の初め頃までに採用された人たちは、市民のため、国家のためといった大きな志をもって公務員になる人は極めて稀。ひたすら「安定した職場」「そう簡単に解雇されない」という公務員ならではの恵まれた待遇に惹かれてこれを目指したという。

こうした時代にあって、公務員になるには、まず筆記試験、そして面接では当たり障りのないことを言えば、採用に結びつく可能性は高かったようだ。

しかし、後に「失われた20年」と呼ばれる時代の不況期に入ってすぐ、そうした空気感は一変した。筆記試験時の点数は、バブル期よりも高い得点を求められ、面接では、「市民のために役立つ仕事をしたい」といった通り一遍の話をするようでは、とても採用は覚束ない時代へと変わったのが今の時代である。

「優秀な人が増えた。でも、その優秀とは、ただ学力が高いという意味ではない。企画力、着眼点の斬新さ、コミュニケーション力、そして実行力――それだけのポテンシャルがあればもっと活躍できるのに……。そう思わざるを得ない人が年々増えてきたのはたしか」（前出・県庁万年係長）

では、そんな公務員世界の現状を次の項ではみていくことにしよう。

長い不況でその難化ぶりが著しい公務員試験。これを突破した人材といえども、やはり今時の若者ゆえの問題があるようだ。

変わりつつある公務員のカラー

バブル経済崩壊、その後の「失われた20年」。2000年代に入ってからはサブプライムショックにリーマンショック……と、1980年代の好況から一転、世界的な不況に見舞われた。

この長い不況が続き、「不況期には優秀な人材がこぞって公務員に」「好況期は公務員を敬遠して民間企業へ」という流れは大きく変わる。

「景気動向関係なく、公務員試験は区分を問わず難関だ――」

すべての公務員試験が難化し、質の高い人材がそれまで以上に集うようになったといわれる公務員。しかし、それはそれで課題があるようだ。

「最近の若い公務員はたしかに志が高く、よく勉強している。でも、目先の仕事がどうも……」

前出・万年係長は、「何の志も抱かず、ただ受験テクニックを駆使して公務員になった自分が言うのもなんだが」と前置きしつつ、最近の若い公務員についてこう嘆く。

「社会をよくする。そのために政策はどうだ。こうすればいい……といったことはよく話す。でも目先の地味な仕事ができない。たとえば住民の相談事をきちんと記録してファイリングしておくとか。そうした記録は当然、誤字脱字などないことが役所では前提。でも、若い職員、とくに社会を良くしたいとか、そんなことを話す者に限って、地味な仕事を敬遠しがち。結果として市民に迷惑がかかる」

こうした傾向は、この万年係長氏が勤務する都道府県庁をはじめ、各市役所、中央官庁(全国の出先機関を含む)でも同様の傾向があるようだ。

住民自治の最前線、市役所に勤務するケースワーカー職に就く40代女性は、その実態をこう語る。聞けば聞くほど、職業とは、公務員とは何かと考えさせられる。

「バブル期の頃に採用された公務員のなかには、チャラくて、公務員という仕事を手厚い身分保障にしがみついている人たち——という人もいる。口を開けば遊びの話ばかり。社会を良くしたいとかそういう意識が希薄。しかし、仕事はきちんとこなす。たとえば市役所では戸籍も扱っている。これを誤字で書くととんでもないことになる……」

公務員の書いた文書はたとえメモでも公文書になるという。つまり公務員である以上、その一挙手一投足が公《おおやけ》であるという意味といえばいいだろうか。

「ところが近年、それがおざなりになってきた。誤字があっても、『修正すればいいじゃん』みたいなノリだ。もちろん人間なのでミスはある。だからといって公務員、ひいては役所が、こうした事務的なミスを連発するようでは、公のもの、すべての信頼、信用が崩れる。それがわかっていない若い公務員が増えてきた。そういう傾向が顕著に見受けられる」

前出・ケースワーカー職40代女性は、こうしたミスを連発するのは、不思議に、「社会をよくしたい」「地方から社会を変えていく」と、日々、その志を語る公務員に多いと話す。

「バブル期にみられたチャラい系の公務員は、社会がどうのとか大言壮語はしない。それでいて仕事上のミスはしない。ところが若くて志を語る公務員ほど、仕事ぶりが雑。それを上司や先輩が窘めると、すぐに転職をほのめかす。なかには『パワハラだ』と騒ぐ。これはちょっとよくない傾向ではないか……」

かつて公務員といえば、一度、採用されると、あまり転職しない職業と言われていたものだ。ところが近年では、民間企業同様、転職する公務員もすくなくない。

しかし、その転職の理由を紐解いてみると、そのすべてが「社会を良くしたい」「自分のスキルをより活かせる場へ」といった積極的理由ではなく、「目先の事務仕事を敬遠したい」「パワハラ、モラハラといったハラスメントを受けた」という消極的理由も残念ながら挙げられる。

「社会でハラスメントの意識が高まったのはいいことだ。でも、公務員として必要なことを指導しただけで、『ハラスメント』と騒ぎ、自分のミスを棚上げする若手が増えてきた。ちょっと頂けない」（前出・市役所ケースワーカー職女性）

昭和の時代であれば、上司や先輩が若手職員を厳しく指導（※1）してくれたという。そのうえでミスがあれば、これは指導がよくなかった、ゆえに役所の責任という考え方だった。時代が進んで平成に入ってからは、上司や先輩が厳しく指導すると、昭和の時代よりも、「砂が水を吸うように」（前出・市役所ケースワーカー職女性）素直に指導に従い、これを吸収する、一度言えばわかる。そんな優秀な人材が増えたという声が多々聞こえてくる。ただし、課題もあるようだ。

「ただ、言うことを聞いて、言われたことを正確にこなす。それだけでしかない。それ以上、自分で工夫して仕事をするということをしない……」（前出・同）

さらに時代が進んだ令和の時代はどうか。続けて訊いてみた。

「細かい事務仕事でも企画でも、上司や先輩が指導すれば、すぐに吸収する。ただ、その指

※1　こうした指導内容に疑義がある場合は、人事系部門に相談すると、即、厳しく調査が入るという。

導法は難しくなってきた。厳しくすればパワハラにモラハラ。優しくすれば指導力がないとクレームを言う――」（同）

ハラスメントの概念が浸透した令和の時代、公務員の世界では、人事系の部署にクレームを受け付けるそれが置かれることが当たり前の時代となった。

もっともクレームを申し出ることは、申し出た本人も、査定されることは言うまでもない。とある中央官庁の出先機関に勤務する30代男性は言う。

「上司の指導が行き過ぎていると思い人事にクレームを入れた。その際、人事からかなり厳しく取り調べられた。よく世間で言われるように、やはり上司のほうが立場的には有利なのかと思った。だが結果として人事は、実に公平な目で調査を行った。それで上司は指導された」

令和の時代、指導されるのは新人、若手だけではなく、上席者もまた厳しく指導されるということか。公務員であれば、これに市民の目も加わってくる。

昭和、平成、令和の新人公務員像を見てきたが、これはかならずしも高校や大学を出て新卒でお役所に入った若手公務員に限った話ではなく、民間企業を経験した社会人採用枠で公務員になった人、30代、40代の年齢が高い〝新人さん〟でも同様の傾向がみられるようだ。

年齢を問わず、そんな新人さんたちが、いざ公務員になったとき、どんなスキルを身に付けていたらいいいか、公務員たちの生の声を紹介する。

リーダーシップ以上に今求められているもの

昔も今も、公務員に限らず社会人に求められているスキルのひとつに挙げられるのがリーダーシップである。とりわけ公務員の場合、みずから企画を打ち立て、これを実行するといった場面にも遭遇することもしばしばだ。

しかし、このリーダーシップという資質、現役の公務員たちに訊くと、概ね、次のような声を耳にする。

「行政の立場で、はたしてリーダーシップは本当に必要な資質なのか――」

国家、地方を問わず、行政、すなわち政《まつりごと》を行う立場として、むしろ求められるのはフォロワーシップではないかという声がよく聞こえてくる。

「そもそも行政に携わる公務員は、まず市民の代表である政治を尊重しなければならない。なのでリーダーである政治、これが何を求めているかを正確に把握し、これを素早く実行することが求められる。公務員の日々の業務もまた同じだ」

今回話を聞かせてくれた公務員たちの言を総合すると概ねこういったところである。

このフォロワーシップのうち、とくに公務員に求められるそれは何なのか。現役公務員たちの声を拾ってみたい。

「すぐに使えるかどうかはさておき、基礎的な法律知識。行政職、法律職といった文系職はもちろんのこと、ケースワーカーにみられる福祉職、あるいは建築や土木といった技術職でも公務員である以上は、法律の知識は必要。公務員になるなら法律は勉強しておいて欲しい」（とある県庁土木職・男性）

「公務員として法律は知っておいて欲しい。公務員試験でも法律は出題されるが、これをもうすこし深堀りしておく。憲法、民法、行政法の判例はどんな職種でも知っておいて貰いたい。可能なら民事訴訟法も」（政令指定都市事務系職種・女性）

「最低限、自分が属する役所に関係する法律は何か。これは勉強しておいて欲しい」（裁判所事務職・男性）

公務員としてのフォロワーシップを発揮するうえで、やはり法律の知識は必須といっていいだろう。公務員とは法律という根拠に基づいて職務を行う立場だ。

法律の知識があれば市民の声に耳を傾けた際、「こういう法律がある。なのでこのように考えられる」と、困っている市民に手を差し伸べることもできるというものだ。とくに公務員として携わる職務に関する法律、これはかならず読んでおかなければならない。

法律	宅地建物取引士	大卒枠の公務員試験のうち民法で対応
	行政書士	大卒枠の公務員試験の憲法、民法、行政法などで対応
	司法書士	専門的な知識が必要
	社会保険労務士	
語学	実用英語検定など	検定試験問題集で対策を練る
	中国語	
	韓国語	
福祉	点字の知識	専門的な知識が必要

「裁判所に勤めていて、裁判所法も知らない裁判所事務官って嫌でしょ?」（前出・同）

裁判所勤務の公務員なら、当然、一度は裁判所法を、その他各省庁なら各省庁の設置法に目を通しておきたいところだ。

「その際、第1条、いわゆる目的条文。これに目を通す、そしてそれを自分の血肉とするまで考えておく。入職前に、これをしておくだけでも、公務員としてのフォロワーシップが養えるはずだ」（財務省財務局勤務・男性）

もっと専門的な知識を養うのであれば、公務員試験時に勉強した法律（とくに大卒枠での文系職種）を活かすという意味で、宅地建物取引士、行政書士、司法書士、社会保険労務士といった資格取得や法学検定試験を受験、よりみずからの知識を確固たるものにしてもいいだろう。

これからの時代、公務員が持っておきたい知識

○○さんは××という
資格を持っている…。
△△さんは中国語が
話せる…

他にも外国人対応に役立つ語学(英語、中国語、韓国語など)はもちろんのこと、ハンディキャップのある市民のために点字を勉強しておくのもいいという声も多々聞こえてくる。
公務員としてもっとも必要な資質、市民を支えるという気持ち、その具体的な例として、これら資格や語学といった知識をこれからの時代の公務員は持っておきたいところだ。

08 公務員採用試験通る人と落ちる人の差とは?

筆記試験に向いていない人――

何年かけても通らない人、たったの3か月の学習で採用される人――

公務員となる最初の関門、これが筆記試験だ。
国家、地方を問わず、公務員試験を突破した人たち何人かに公務員試験、とくに筆記試験は意味があるのかと訊ねると、その多くはこの筆記試験こそ公務員としての適性の有無を計るのに、これほど適切なものはないと言う。

「沢山の科目。膨大な試験範囲。求められるのは学問や知識ではなく事務処理能力――」

よく公務員界隈では、この公務員試験についてこのように言われる。その求められる力をつけて合格した人たちの勉強期間は、ごく稀に、長い人で3年、短い人で1か月という話を聞く。概ね3か月から1年、公務員試験を意識して毎日最低でも1時間、受験前3か月ともなれば3時間程度は勉強したという人が筆記試験の合格をはたしている……というのが、公務員界隈での常識だそうだ。

もちろん人それぞれだ。なので、一概に何時間勉強したら合格、何時間以下だと不合格という話はできない。でも、それなりに時間を割いて集中的に勉強しなければ合格できない試験であることはたしかなようだ。

「真面目に、きちんと方法を間違えなければ3か月もあれば合格できる試験だ」

こう語るのは国家公務員旧国家Ⅱ種(今の一般職)に合格した中央官庁の出先機関の課長補佐だ。ちなみのこの課長補佐の学歴は京都大学法学部卒。新卒、ストレートでの採用だ。出身高校は最難関大学への合格者を多数輩出している中高一貫校である。

また、この中央官庁出先機関の課長補佐と同年代で、中央官庁の係長男性は、「公務員試験、筆記試験の勉強にどのくらいの時間をかけたか」という質問に次のように答えた。

「大学1年から公務員を意識して、大学2年から模擬試験や予備校にも通い、大学3年は予備校で徹底的に受験対策をして、大学4年になってからは1日10時間勉強というノルマを自分に課した。筆記試験に合格し採用に至っている」

ちなみにこの係長の学歴は、地方の私大。世間的には中堅校と呼ばれるそれの次のランキングに位置するところだ。出身高校は公立高校、ご本人曰く「街のナンバースリースクール」だとか。この〝街の三番手〟の高校時代の成績は、「中の下、ないし下の上あたり」だったそうだ。

最後に、このふたりの合格・採用者と同年代の人を紹介する。

彼の経歴は、大学院博士課程中退。大学では学部、修士課程、博士課程とも同じ大学。いわゆる中堅校と同格とされるところだ。高校は「地元の公立高校の併願校一番手」と呼ばれるところの卒業。高校時代の第一志望校は、街の2番手ないし3番手といったところである。

この彼は大学院修士課程2年のときから公務員試験にチャレンジ。国家公務員総合職、地方上級、警察官、消防士……と全敗。博士課程に進学後、今度は外務省専門職員、国家公務員一般職など受験できる公務員各種を受け、再び全敗した。難関で知られる外務省専門職員試験の受験は博士課程の院生という彼自身のプライドからだったという。

結局、博士課程修了後、専門学校や大学の非常勤講師を経て、30代半ばになって大学専任講師(正規雇用)として採用され、現在に至っている。

この3人のうち、公務員試験のうち筆記試験にいちばん向いているのは誰か。冒頭部で紹介した中央官庁出先機関の課長補佐、次いで中央官庁の係長だ。

大学院博士課程を修了した人は、残念ながら公務員試験、とくに筆記試験には向いていない、合わなかったと言わざるを得ない。

大学院卒……物事を深く掘り下げる力がある人が多いと言われる。しかし、そうした力は公務員としてあるに越したことはないが、入り口である公務員採用試験では、はっきり言えば必要ないといえよう。

公務員試験で求められるものは、あくまでも事務処理能力だからだ。研究能力ではない。そうした事務処理能力は高校までの勉強、とくに進学校と呼ばれるところの出身者が強い。

公務員受験対策講座で教鞭を執ったことのある元受験予備校講師はこの3人について次のように解説する。

「最終学歴ではなく、高校までの学力が大きく左右する試験、それが公務員試験の筆記試験だ。何事も努力すれば通ると世の中では言われている。すごく無責任な言葉だ。高校までの学力、とくに数学、物理と化学、英語、国語……これらの科目がある一定の水準に達していないと、公務員試験を受験する力はない。その意味では進学校として知られる中高一貫校、公立でも進学校とされるところの出身者が善戦する。公立、私立問わず中堅校以下だと、どの区分の公務員試験でも厳しい戦いを強いられる」

やはり求められるのは学歴ではなく学力といったところか。

面接で「素をさらけ出した」ほうが本当に採用されるのか？

よく巷にある面接対策本では、面接時、きちんと志望動機を練り上げろと書かれている。逆に、そうした作り物の志望動機は採用者側も見破るので素の自分で勝負しろという声もあるくらいだ。公務員、民間企業問わず、どちらも正解なのだろう。すくなくとも間違いではない。もっとも今時、こうした面接対策本を鵜呑みにして、これを丸暗記、面接に臨む人は、公務員試験ではまずいないだろうが。

実際に、公務員試験の面接で何を言えば採用されるのか——これは無責任な物言いになるが、「人による」「その公務員試験の職種による」としか言いようのないところがある。

とはいえ、何人か採用された人、そして採用に至らなかった人の経験談を聞き、これを照らし合わせると、何となく合格する面接、そこに至らない面接というものがみえてくるものだ。あと、採用職種が求める学歴程度（大卒程度とか高卒とか）によっても、それに見合った受け答えが存在する。

たとえば、「志望動機をお話し下さい」といわれ、中学校卒で受験可能な自衛隊生徒（陸上自衛隊高等工科学校）（※1）と、大学程度の国家公務員総合職や一般職とでは、求められる水準が異なるのは当然のことである。

中卒区分と大卒区分、同じ面接でも大違い!?（過去の受験生の話から）

面接者　「どうして自衛隊高等工科学校に？　どうして自衛官になりたいのですか？」

受験生　「戦車に乗りたかったからです」

※1　中学3年、高校1年生の年齢で受験可能な公務員。最年少の公務員といわれる。

面接者　「どういう自衛官になりたいのですか？」
受験生　「国を守りたいからです」

極端な話、国家公務員総合職として防衛省に官庁訪問、面接となった際、この陸自高等工科学校生と同じ受け答えをしたらどうなるでしょうか。

面接者　「どうして防衛省に？　どうして防衛省に入りたいのですか？」
受験生　「戦車が好きだからです」
面接者　「それなら自衛隊の広報イベントに行かれてはいかがですか？　それはさておきどういう防衛省職員、事務官としてどういう仕事をしたいですか？」
受験生　「国を守りたいのです……」

これではまず採用されないことはわかるだろう。ただし前者の陸自高等工科学校の生徒は、この受け答えで合格、採用されている。
大卒程度の採用職種であれば、当然、その学歴に見合った受け答えが求められることは言うまでもない。
よく巷でいわれる素をさらけ出すも同じだ。これも明確な答えはない。それでも「これを言えば不採用」というのは、むしろ公務員世界に何の縁もない第三者のほうがわかるだろう。

▼とある中央官庁（経済官庁）の出先機関の採用面接（国家公務員一般職）の再現

【お酒を呑まない受験生】

面接者「お酒は呑まれますか？」

受験生「呑みません」

面接者「出先機関では幹部候補生として扱います。若くして部下を持つこともあります。その際、部下とのコミュニケーションで酒を呑む方が円滑に話が進む場面もありますが……、一切、お酒は嗜まれない？」

受験生「はい……。呑みません。そもそもどうしてお酒を呑まなければならないのでしょう？お酒を嗜まなくても人との縁を紡げます。お食事でもお茶でもいいです」

この受験生は、最後に、「お食事でもお茶でもいいです」と言っています。この後、こんな言葉を続けたそうです。

「……（略）お食事でもお茶でもいいです。お酒を嗜みたい方はお呑みになって頂き、私はお茶でお相手させて頂きます」

これで面接者の受験生を見る眼がパッと明るく変わったという。一方、こんな例をあるようだ。多々耳にする話なので紹介したい。

【お酒が好きな受験生】

面接者　「お酒は呑まれますか?」

受験生　「呑みます。大好きです」

面接者　「もしよろしければお酒のうえでの失敗とかあれば――」

（面接者たちの表情は皆、和やかであかるく好意的な雰囲気で）

受験生　「気が大きくなるのでしょうか。ついつい服を脱ぐ癖がありまして」

（受験生、面接者数人大爆笑）

面接者　「服を脱いで、その後、どうされるのですか?」

（面接者たち笑顔）

面接者　「いや、気が大きくなって、素っ裸で居酒屋さんのなかを走り回ったりしますね!」

（面接者たち大爆笑）

――この受験生は、結局、採用には至らなかった……。それはそうだろう。この面接は典型的な「引っ掛け」だからだ。面接者たちが笑顔、かつ好意的な雰囲気なので受験生もついつい素で話したのだろう。でも、「お酒を呑んで裸になって居酒屋を走り回る」というのは公務員としてはアウトだ。そんな素を自分からさらけ出すような者は、公務員としては難しいというのが採用側の判断になることは言うまでもない。

面接ではなにも嘘を言う必要はない。しかし必要以上に自分をさらけ出すこともないだろう。

もっとも素をさらけ出すことで好結果に繋がることもあるようだ。国家公務員総合職の官庁訪問時の話だ。

▼国家公務員総合職のとある中央官庁の面接再現

面接者「総合職、一般職……名前は変わったが、まだまだキャリア、ノンキャリアは崩れていない。それが実情だ。それで問う。君はキャリアになりたいのか？　それとも飯を食ううえで食いっぱぐれのない公務員になりたいのか？　どっちだ？」

——これについて、以下の受け答え例があります。

受験生1「キャリアの公務員になりたい、です」
受験生2「公務員としてキャリア職に就きたいです」
受験生3「キャリアになりたいです」
受験生4「食いっぱぐれのない公務員になりたいです」

もちろん正解も不正解もない。とはいえ、この4人の受験生のうち不採用となったのは受験生3だけだ。これについて30代の若手総合職、中央官庁勤務男性は、次のような見解を述べた。

「公務員を募集しているわけだ。キャリアになりたいのなら公務員ではなくても民間企業で

質問	回答例
「転勤は可能ですか？」	どこでも行きます。
「過去の失敗談とかありますか？」	幸いにして大きな失敗は今のところございません…
「仕事とプライベート、どちらが大事ですか？」	仕事が大事です…
「卒業論文は書かれましたか？」	英文科ですのでマーク・トゥエインについて……
「趣味はありますか？」	ピアノを弾きます。大人のコンクールにも出場しています。
第一志望の官庁、地方自治体はどこですか？	こちらが第一志望です

もキャリア職はあるわけだし……。これよく聞かれる質問だよ。まだ聞くところあるんだね」

公務員採用の面接では、この「キャリアか公務員か」の質問もそうだ。先でも触れた「お酒のエピソード」の派生といえばいいだろうか。ほかにも「過去の失敗談を教えてください」というのもある。

また面接時、直接的な質問ではないが、面接者側の配慮で、場を和ませる雑談も時間を設けることもある。その話題は「地元ネタ」「卒論のテーマ」といった内容が多いようだ。民間経験者採用の場合は、現職や前職での経験についてのトピックが聞かれるようである。

実際の面接に備えて、想定問答のようなものを作って練習を重ねておくといいだろう。

公務員面接試験　よく聞かれる定番質問

09

公務員になってから「押さえておくべきポイント」

どうサバイブするか――

決してみずから責任を取らないこと――

新卒、民間経験者、資格保持者を問わず、筆記、面接の採用試験をクリア、晴れて公務員に任命されたなら、定年まで勤めるにせよ、中途で退職、他の職業に転じるならなおさら、覚えておきたいことがある。

それは決して、みずから責任を取らないこと――だ。

公務員の世界は、かつても今も、徹底した減点主義的な人事評価が行われている社会である。たとえばお役所の内外で評価される行政施策を企画立案したとしよう。

正直なところ、この企画立案をたくさん行ったからといって、かならずしもみずからの評価が高くなるとは限らない。むしろ「人事評価上、マイナスになるリスクを抱えている」（とある県庁上級職）可能性さえ秘めているというのだ。

「たくさんの行政施策を企画立案した……それだけミスする可能性が増えるわけだ。それなら、行政施策の数はそこそこにして、その分、隙のない行政施策を練り上げたほうがいい」

とある県庁の上級職採用者は、「ミスは上司か同僚に。仕事は部下や後輩に。手柄は自分だとアピールする」ことこそが、公務員としてサバイブするコツだと断言する。

「マスコミでも取り上げてくれるような行政施策を打ち立てても、小さなミスで、すべての評価が帳消しになるようなところが公務員社会にはある。それが弊害といえば弊害だが……。その弊害ゆえに、『なにもしないヤツ』が生き残るところがある」

前出のとある県庁上級職はこう言葉を継ぎ、さらに次のように続ける。

「その生き残った『なにもしないヤツ』が偉くなる。偉くなったヤツの仕事とは、ズバリ責任を取ること（※1）。部下の失敗を被るのも仕事のひとつ――」

もっとも、偉くなり部下の失敗を被ることに納得できなければ、「自分よりもさらに上の上司」にどう責任を被せるか、そのための労を厭わないかも大事だといったところか。

「国家公務員総合職なら事務次官、審議官級、地方公務員なら副知事や副市長クラス……、そのあたりを狙うなら、まず目立たないこと、でも仕事はきっちり。事故や不祥事に巻き込まれそうになれば、責任は他人に押し付ける。これを着実にこなせば、そこそこ偉くなれる」

とある県庁の上級職は、このように令和版「公務員処世術」を説く。

※1　管理職が組織や部下の不祥事で責任を問われることを「もらい事故」という人もいる。これも増えると昇進などで不利になることは言うまでもない。

もっとも、こうした考え方は、民間経験者採用が増えてきた今、急速に過去のものとなりつつあるようだ。

「民間経験者、資格保持者といった人が、いきなり係長や課長補佐級で入ってくる。上司や部下の失敗もみずから引き受けて責任を取る人が多い。だから職場では人として慕われる。でも公務員としての人事評価はマイナスだ。だからだろう。また民間やほかの公務員に転職する。そこで評価される。人にも慕われる——そういう生き方は傍から見ていても気持ちいい」

近年の傾向として、「やりたいことだけをやって転職する」という流れがあるようだ。たとえば公務員として採用され、みずからのやりたかったことが課長級クラスでなければできないことであれば、そこまでは頑張って残る。しかし係長級でできることで、それが実現したならば、あっさり退職、次へと転職するというのだ。これは公務員から公務員ということも今では珍しくないという。とある中央官庁の課長はこう語る。

「新卒で公務員。中央官庁勤務。総合職で係長。退職して法科大学院へ。司法試験合格。弁護士登録をして弁護士に。その経験を活かして県庁へ課長補佐級で入職。これが一区切りしたら、今度は大学教員に。研究成果を出したら、次はまた中央官庁へ……というキャリアも、もう普通になっているのではないか」

お役所にしがみつく公務員はもはや鳴りを潜め、お役所をツールとしてみずからのやりたい仕事をしつつ市民と社会に貢献する――これからの公務員のプロトタイプはこうなのかもしれない。

とはいえ、皆が皆、そんなカッコいい生き方は出来ないものだ。

いくら筆記試験のウエイトが軽くなり、人物本位での試験になりつつあるとはいえ、やはり難関である公務員、また身分の安定が保証された職場にしがみつきたい向きも、当然いる。そうした向きが、これからの時代、公務員世界で生き残るために、最低限、知っておかなければならないこと――、それは「言われたことはきちんとやる」ということに尽きよう。

案外、この「言われたことをきちんとやる」ということは出来そうで出来ないものだ。財務省の出先機関に勤める若手職員のひとりは言う。

「言われたことも出来ないようでは、民間ならもっと勤まらないのでは?」

こうしてみると安定した身分が保証される公務員は、まだまだヌルいといったところか。

Column

CASE 3

公務員の副業事情

国家公務員の平均年収、約681万円（令和4年度時点、人事院『国家公務員給与等実態調査』）だ。地方公務員は約659万円（令和3年度、総務省『地方公務員の給与の実態』）となっている。

対して民間企業のそれは約443万円（令和3年度、国税庁『民間給与実態統計調査結果』）である。公務員人気に陰りが見えてきたと伝えられるなかでも、やはり給与面ではまだまだ公務員は手厚いといえよう。

しかし令和の今、この給与額に甘んじることなく、さらに「稼ぎたい」と考える公務員もすくなくない。

とはいえ公務員が俸給以外にどうやって収入を増やすのだろうか。

近頃ではよく知られるようになってきたが、実は公務員も副業も可能だ。お役所の許可を得れば副業による収入も得られる。

もちろん本業を上回るような収入となると、さすがに許可されないだろう。だが公務員としての俸給額以下で、かつ社会的に意義ある職、もしくは家業の手伝いといったそれで公務に差支えないものであれば、「兼業許可」を得ることで副業を行えるという。

では公務員はどのような副業を行っているのか。まず挙げられるのが家業の手伝い。これは公務とは関係のない職種であることは当然だ。たとえば実家が喫茶店を経営している。市役所職員として教育委員会で事務の仕事に携わっている。休日だけ実家の喫茶店を手伝い、報酬を得ている――という例がある。

似た例では農業、漁業の手伝い、僧侶、牧師といったそれも多々聞くところだ。

家業以外では、大学やカルチャーセンターの非常勤講師も挙げられる。大学等の非常勤講師は、大学の正規講座を担当することもあれば、エクステンション講座で「公務員受験講座」を受け持つ者もいる。

この場合、出身大学で後輩の指導に当たるというケースが多いようだ。

「正直、収入を増やすというよりも、役所以外の人脈を増やす目的で大学に籍を置いているだけ。年に一度、大学の夏休みに集中講座を受け持ち、それで一時間あたり数千円の収入が得られるのだから有難い」

とある中央官庁の総合職は、職務上関連する法律関係の講座を、もう10年以上受け持ち、今では、この非常勤講師業が、「役所以外での社会との唯一の接点」として、楽しみながら副業にも全力投球しているという。

テニス、ピアノ、バイオリンの指導を副業として行っている公務員もいる。週に1回程度の指導で、その収入は、「世間の相場程度」（ピアノ講師を副業とする公務員）というので、一回当たり3000円にも満たない額だと推察される。

ほかにも趣味が高じて……という理由から、何かをはじめ、それが収入になっているという公務員はすくなくない。著述業、画業、演奏家といったところだ。

一方で、がっつり稼ぐ公務員もいる。そうした者はこれまで紹介した職業には就いていない。副業許可の要らない投資だからだ。

「FX取引であれば、あくまでも資産運用なので兼業許可は不要だ。なので心置きなく稼げる……」

関西のとある市役所勤務の男性は、「趣味と実益を兼ねてFX取引に日々勤しんでいる」と言う。

「不動産投資も考えた。でもある規模と金額を超えるとこれは副業となってできない。正直、ちょっとややこしい。だからFXにしたというわけ」

この市役所勤務氏が言う、「ややこしい」というのは手続き上の問題ではなく、「兼業許可」を取ることで、職場の同僚に兼業を行っていることを知られてしまうことだ。

「東京、その周辺、京阪神地区の都会ならともかく、それ以外の地域だと、どうしてもまだまだ公務員の副業に否定的な空気感がある。だから副業にはならない投資が人気だ」

同様の流れは国家公務員、なかでも全国に転勤がある職種、意外なところでは世界各国で勤務する外交官にもあるようだ。

「世界各地へと赴任する。うちの主人は本国（日本）からドイツへ。それからニューヨークへ。一回の引っ越し代に200万円はかかる。転勤のたびに銀行に借金して赴任した」

こう語る外務省専門職員夫人は、「副業や投資をもっと広く認めて貰わなければ次の任地にすら行けない」と嘆く。

「特に外交官は家族も含めたパーティなど、公務員ではない家族まで駆り出されることもある。それは無報酬だ。どうにかして自分で手当しろと……」

近年、兼業許可が認められやすくなったという。それだけ公務員の給与に税金を投入できなくなった、すなわち社会全体に余裕がなくなったことの証左といったところだろうか。そうした時代だからこそ公務員は働きがいがあるという声も多々耳にするところだ。

第4章

公務員のお仕事［ワークス］

10

どんな公務員になりたいか

働くスタイルによる違い

何にでも興味が持てるか、それともひとつのことを極めたいか

ひと口に公務員といっても、その仕事ぶり、そしてキャリアプランは大きく異なるものだ。たとえば大学を出て、明確に「消防士になりたい」「公務員として人命救助の仕事がしたい」という希望を持っている人がいたとしよう。

一見、この「消防士」という具体的な職業と「人命救助の仕事に携わるために公務員になりたい」という希望は、とても似ている。でも公務員受験、そして公務員として採用されてからのキャリアプランを考えると、案外、似て非なるものなのだ。

具体的な例を挙げて考えてみたい。

就きたい職業に就いても目に見えない仕事がある

大学4年生のA君は、子どもの頃から人命救助に携わる職業に就きたいと熱望していた。就職活動年次となり、人命救助に携わるには公務員になるしかないと考え公務員予備校に通い、受験に備えた。今、公務員対策を行っている予備校や大学のエクステンション講座では、進路指導も手厚く行ってくれる。そこでA君は、大学の進路指導室のチューター（※1）に、「子どもの頃からの夢である人命救助に携わりたいので消防士を目指したい」と話した。

※1　大学などの進路指導担当のチューターがかならずしも公務員情報に精通しているわけではないので注意。やはり自分の目で各省庁、県庁などのHPをチェックしなければならない。

Ａ君の話を聞いたチューターは、近いうちに大学ＯＢである消防士を紹介すると約束し、そのセッティングまでしてくれた。

数日後、大学ＯＢの消防士の先輩と面談の機会をＡ君は得る——。

人命救助に直接かかわらない消防士⁉

——先輩のように消防士として人命救助に携わりたいのです。

こう語るＡ君に先輩は、にっこり微笑みながら、こう語った。

「君はずっと人命救助に携わっていたいの？　直接、自分が人命救助の現場にいたいということかな？」

Ａ君は、子どもの頃、近所のおばあさんが病気で倒れたとき、すばやく救急車がやってきて救急隊員がおばあさんを救助した——という、消防士、ひいては人命救助に携わりたいという希望を先輩に話した。採用面接ではなかったが、憧れの職業に就く大学の先輩である。

Ａ君は、みずからの希望を熱く語った。そこには同窓の先輩から、「よし、そんなに熱望しているのなら頑張って消防士になれ。一緒に働こう」という激励の言葉を貰えるという淡い希望があったからだ。

しかし先輩からは、どうもそんな言葉は聞けそうにない雰囲気が漂っている。Ａ君の話を聞いた先輩は、おもむろにこう語りだす。

「そんなに人命救助に関わっていたいのなら、民間で、ボランティアとして関わったらどう？」

驚くA君をよそに先輩がさらに続ける。

「私はこの大学を出て消防学校に入った。卒業して消防署に配属されて1年間ほど現場にいたよ。救急ではなくて消防ね。それからは本局……市役所勤務ばかりだね。今は経理の仕事をしている。予算を組んだり、どういう設備を購入するかを考えたり、そうした仕事だね。でもれっきとした消防士、公務員としての身分は○○市消防吏員だよ。公務員というか消防士としての専門、得意分野は経理とか調達部門だね」

A君は、憧れの消防士から親しく救急の最前線について話が聞けると思っていただけに、すこしがっかりした。でも大学の先輩で現役の消防士だ。やはり日頃聞けない話を聞けるチャンス、ここは気を取り直していろいろ訊いてみることにした。

――先輩は、消防士になられたのは、人命救助をしたかったからですか？

先輩は、表情ひとつ変えずにA君にこう返す。

「いや。正直、公務員なら何でも良かった。たまたま受かったのが消防士だった。遠くに転勤がないから選んだというだけ。ほかに受かったのは自衛官。こっちは転勤が多いと聞いたから諦めた。県庁や市役所に行きたかったけれど、筆記で落ちたからね。行けないよね」

何となくやる気のない、「公務員になること（※2）がゴール」「手厚く安定した身分保障のある公務員でいること、それ自体が仕事」という雰囲気の先輩にA君は失望する。

こんな先輩の話を聞いてもあまり意味がないのではないか……

そう思っていた矢先、先輩の表情はそれまでの覇気のないそれから険しいものへと変わり、こうA君に問いかけてきた。

ずっと希望する部署にいられるとは限らない

「君は、消防士として採用されて、ずっと現場に居られると思っているのかな？」

思ってもいなかった先輩の言葉にA君は戸惑う。そうしたA君の胸の内を見透かすように、先輩が続ける。

※2　このようにみえるかどうかは見る人の主観的な問題。大事なのは客観的に観てきちんと仕事ができるかどうかだ。

「君が希望かなって消防士として〇〇市に採用されたとしよう。その後、経理部門に配属となったら君は消防士を辞めるのかな？　それともほかの地方自治体で募集している消防士の採用試験を受け直すのかね？」

ますますA君は戸惑った。たしかに消防士として採用されても、たしかに、直接、人命救助に携われる部門に配属されるとは限らない。仮に人命救助の部門に配属されたとしても、それは定年までずっと続くという保証もない。A君は先輩の表情を伺いながら、こう答えた。

――ずっと人命救助に携われることを希望し続けます。

こうA君が話し終わるや否や、先輩は険しい表情を変えずに、A君に問いかける。

「それで希望叶わず、経理に配属されたら？」

A君は、間髪入れずに言う。

――そうならないよう、人命救助に携われることを希望し、その分野では誰にも負けないよう精進していきます。

こう答えるA君に先輩は冷たく、こう切り返してきた。

消防士ひとり育てるのにかかるコスト、それは誰が支払っている？

「君が消防士として人命救助に携わったとしよう。それでケガをした。そして、もう人命救助の第一線には戻れなくなった。でも消防局は、そんな公務でケガをした者を決して見捨てやしない。そうした人でも勤務できる場をかならず用意する。それが経理とか人事とかの行政事務だったとしよう。行政事務も消防士として立派な仕事だ。人命救助に間接的に携わっている。それでも君は第一線の現場に居たいというのかね？」

A君は、先輩に、「はい」と答えた。ときに危険を伴う人命救助。みずからを犠牲にしてでも市民を守るという消防士という職業、そこに子どもの頃からずっと憧れていたからだ。

消防士になることを夢見て必死で勉強し、高校、大学と進学。その間、消防士になり人命救助に携わることになったら、きっと役に立つだろうと体力づくりのため、スポーツ系の部活にも所属して汗を流してきた。今更、先輩の言う「間接的な人命救助」など、とても考えられないことだった。

――私は、自分を犠牲にしてでも、人命救助の仕事に携わりたいのです。

こう話すA君に先輩はなおも冷たく切り返してきた。

「君が人命救助の仕事に携わり、そこでみずからを犠牲にしてでもという志は素晴らしい。でも、それで君が犠牲になったら、それまで○○市消防局が君を一人前の消防士に育てるためにかけたコスト、これがすべて無駄になる。そのコストは、すべて市民からの血税だがね」

先輩は、こう言うなり、一気にこうまくし立てた。

「まず採用されると消防学校（※3）に入学する。〝学校〟という名だが、大学生とか高校生とか、そういう意味での学生ではない。立派な○○市消防吏員だ。消防実務に何の役にも立たない者にもちゃんと○○市は消防学校生に給与を支払っている。訓練の費用も○○市が支払っている。君が消防士となり、みずからを犠牲にした働き方をすると、また新たな人材を育てなければならない。見方によってはこれも無駄なコストだ――」

そして、先輩がさらに続ける。

「プロフェッショナル、公務員である以上、みずからを犠牲にして人命救助に――というのは、とても危険な考え方だ。人命救助は公務だ。だからこそそれに携わる者は犠牲になってはならない。生きて公務を行わなければならない。みずからを犠牲にしてというのなら、それは民間でボランティアとして自由にやればいい、違うかね」

※3　あくまでも研修施設。各地方自治体などに設置されている。半年から1年間の研修を受ける。全寮制で消防士としての基礎が叩きこまれる。

ここまで言われるとA君は、もう何も言い返せなかった。

「人命救助に携わりたい、それなら消防士のほかにも、ほかの公務員も考えているのかな？」

こう問う先輩に、A君は、やっとの思いでみずからの思いを口にする。

人命救助に携わる公務員いくつかの実際をみてみると……

――海上保安官、自衛官を考えています。

すると先輩は、「そう言うと思ったよ」とあからさまに嫌そうな表情を浮かべ、話すのだ。

「たしかに海上保安官も自衛官も人命救助に携わっている。では、君は、その海上保安官や自衛官がどういうキャリアを積むか、知っているのかね――」

こう話した後、先輩は、このふたつの公務員職について続けてこう話す。

「まず海上保安官だけど、人命救助を専門とする特殊救難隊がある。でも、それ以前に人命救助に携わるには、巡視船・艇に乗り組み、『船乗り』にならなければならない」

A君は先輩の話を聞き入った。パンフレットでたしかそうしたことが書かれていたものの、今一つイメージがわかないところもあった。なので先輩から聞く話はとても臨場感のあるもののように思えたのはたしかだ。やはり人と会う、直接話を聞くことは大事なのかもしれない。

「大学や高校を出て、海上保安学校や海上保安大学校を受験、合格する必要がある。人命救助に直接携わるのなら、船乗り（※4）……、たしか航海、機関、通信、主計なら潜水士になれる。これらの職種にまずは就く必要がある」

先輩はさらにこう続ける。

「もちろん、人命救助の専門部署である特殊救難隊に行かずとも巡視船艇に乗っていれば、人命救助にも携われる。でも海上保安官である以上、日々の業務には船務——船を運航するための航海とか機関とかの仕事をこなしつつ、犯罪捜査といった業務もこなさなければならない」

実のところ消防士しか視野に入れていなかったA君にとって、先輩の話は、自分の知らなかったことを教えてくれるはじめての機会だった。それだけにとても話がよく入ってきた。

※4　海上保安庁で潜水士となると、通称・特救隊、特殊救難隊など、レスキューの専門部署への配属の可能性もある。船乗り、なかでも航海、機関を専門とする人が多いといわれる。

「消防士だってそう。消火活動もあれば、救急もあり。最前線の消防署でもやはり役所。書類作成といったことにも忙殺される」

ここまで聞いて、A君は、「希望する消防士の仕事内容すらよく調べていなかった」と後悔と反省が入り混じった気持ちになった。さらに先輩が続ける。

「自衛官でもね、人命救助に関わるのなら、よく知られているのが航空自衛隊の航空救難団が

海上保安官の例

高校 or 大学 → 海上保安学校 or 海上保安大学校 →

- 船務（巡視船艇員としての仕事）
- 航海
- 機関
- 通信
- 主計

潜水士などの講習を経て、巡視船艇員としての業務の傍ら、人命救助の仕事に携わる。

人命救助に携わる航空自衛官の例

高校など卒業 → 自衛隊入隊 → 航空救難団のメディックなど

この時点では具体的な職種は決まっていない。採用時は職種関係なく採用される

この職種や部署への配属は希望したからいけるというものでもない
どうしても行きたいのならそれをアピールするための資格取得とか努力が必要かも

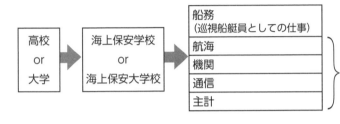

ある。これだって中に入るとパイロットもいれば整備士もいる」

じっと先輩の話を聞いているA君に先輩は、こう言って話を締め括ろうとした。

「要は、消防士といっても、ただ人命救助だけの業務を行っているというわけではない。むしろ公務員としてそれ以外の業務――市民の方からみて目に見えない業務、そうしたことをこなしていかなければならない。それを知っておくことは大事だよ」

大きく頷くA君に先輩は、厳しい表情を崩さずに、こう言うのだ。

「公務員は手厚い身分保障に守られた安定した職業だ。それを目的に必死で勉強して公務員試験に臨み、採用される人も現実にはいる。もしかして、君は、そうした人を軽くみてやいないか。そうした人でも、本人が意識するしないはともかくとして、市民の役に立っている人は大勢いるんだよ――」

採用試験さえ突破すれば一生安泰という時代はとうの昔に終わっている

こう語る先輩は、たとえば消極的な理由で公務員になった人でも、語学や点字を習得して市民とのコミュニケーションを図ったり、簿記検定を取得して日々の業務に即戦力として役立っているという人も大勢いると話した。

ただ志だけが高くて、目先のことが疎かになるようでは、令和の時代の公務員はとても勤まらないといったところだろうか。

今や中央官庁にその出先機関、そして全国の各地方自治体など、公務員を募集しているお役所ではHPを持ち、なかにはSNSで日々の情報を発信しているところもあるくらいだ。

そうした発信を通して、みずからが希望する職種について情報収集することは当然のことだが、それ以上に大事なのは、「今すぐにでも自分が公務員となったとき、はたして市民のために役立つだけの人材なのか」という視点を持つことだろう。

そうした視点を持つと、おのずとみずからがしなければならないことが見えてくるはずだ。A君の例で挙げたように、高い志を持っていても、いざ公務員として採用されたとき、ただ志が高いだけでは、有り体に言えば「使えない人材」で終わってしまうからだ。

かつて昭和の時代、平成の初め頃までは、公務員の世界での人事、キャリア教育は、「新卒者を採用して、採用した側が育て、それぞれの役所が求める人物像」へと近づけていくというものだった。

しかし今日では、不況の経験からか、これが大きく変わっている。たとえ高校、大学の新卒者を対象としている採用区分からの採用であっても、今や、すでに「デキあがっている人」が評価される時代だからだ。

たしかに公務員は手厚い身分保障に守られ、安定した職業ではある。だが、それに安穏として過ごす者は、とても生き残れなくなってきた……というのが最近の傾向である。当分の間、この傾向は続きそうだ。

11 公務員として何を得意分野とするか
ゼネラリストかスペシャリストか

出来れば公務員になる前から考えておきたいこと……

ある特定の分野を専門とするスペシャリスト、何にでも対応できるゼネラリスト――、公務員として就職した後のキャリアプランを考えておくことも大事だ。

大学の文系学部(法学部、経済学部、文学部など)から新卒で公務員を目指すとしよう。この場合、明確にこの職種やお役所に行きたいという希望がある人は、その職種なりお役所についてよく調べるべきだ。たとえば国の予算に、お金の流れに携わりたいと思うのなら財務省、国の外交に関わりたいのであれば外務省といった具合である。

あるいは地元で生涯、市民のために働きたいと考えているのならば、地方自治体の採用動向についてリサーチすべきだ。

気をつけたいのは、先でも触れたように希望する職種やお役所に採用されたといっても、かならずしもみずからが望む進路に進めるかどうかわからないというところだ。

先の例の消防士にみられるように、ずっと人命救助に携われる職場に配属されるという保証はない。経理、企画、人事といった行政事務に携わる機会も多々あるものだ。

もっとも高校生、大学生のうちから、「この職種に就き、こうした仕事をしたい」と明確な希望を持っていたとしても、それが違った方向に向かっていることもしばしばだそんなよくあるケースを紹介したい。

［それはうちの役所でこの区分で公務員にならなくても……］

大学文学部生のB君は、社会学科所属、ゼミではマスコミ論を学んでいる。彼は、「日本の経済を元気にしたい」「市民、国民のために尽くしたい」という希望もあり、大学入学時から、経済産業省の入省を目標としていた。加えて地元で働きたい、地元で地方経済の活性化に携わりたいとの希望もあり、国家公務員一般職として〇〇経済産業局での採用を目指して、日々、公務員採用試験に備えていた。ゼミでマスコミ論を学んだのは、みずからの目指す〇〇経済産業局に採用された際、「広報担当者」として活躍したいとの思いからである。

そんなB君のために、大学は、OBで〇〇経済産業局に入って10年目の先輩に連絡を取ってくれた。そして先輩はB君のために多忙ななか時間を割いて会ってくれることになった。

――国家公務員一般職での合格、採用を目指しています。先輩のように〇〇経済産業局にご縁を頂ければと熱望しています。

「光栄です。でも、老婆心ながら、まさかうち（〇〇経済産業局）だけを考えている……ということはないよね？」

——もちろんです。ほかは○○財務局、○○地方整備局、○○管区行政評価局も考えています。

「そうですか。それで公務員として、どんな仕事をしたいと君は考えてますか?」

——私は、どこの行政機関も国民にその政策を知ってもらうことが不得手な現状があると考えます。なので広報をさせて頂きたいと考えています。そのために学生時代は広報を学べるマスコミ論のゼミに所属していました。卒業論文も「行政機関の広報」について書くために、今、準備しています。

「うち○○経済産業局だけではなく、国交省さん、総務省さんも含めて、広報の仕事に携わりたい、ということですね」

先輩がこう話すのを聞き、B君は、「大学入学時から公務員採用の準備をはじめていて良かった」と思った。昨日今日、公務員を目指した同級生たちには、決して準備できない志望動機だ。また人と話すのが好きなB君は、公務員として採用されたなら広報マンとして即戦力になる自信もあった。

この先輩との面談で採用が有利になることはないだろう。けれども、きっと先輩は自分への印象をよくしたに違いない。採用試験とは直接関係ないかもしれない。だが、今後、同窓の縁で、この先輩は自分にいろいろ教えてくれるかもしれない……そんな期待をB君は抱いた。

「あのさ、そんなに広報が好きなら、民間の広報代理店へ就職したらどう？」

先輩の意外な言葉にB君は、頭のなかが真っ白になった。どう言葉を発したらいいかわからない。憧れの○○経済産業局に勤める同窓の先輩から嫌われたかもしれないという不安の気持ちいっぱいになった。

「あっ、僕は、今日はあくまでも個人の立場、同窓の縁でやってきた一個人です。隠れ人事でもなんでもないから。ざっくばらんに話しましょう。率直に申し上げると君はよくうちの役所、それからほかの役所さんについても、とてもよく調べていると思う」

こう話した後、先輩は、B君の目をじっと見ながら、再び口を開いた。

「でも、ただそれだけなんだよね。うち、それから財務省さん、国交省さん、総務省さん……、その業務内容をよく調べて覚えている。広報の仕事についてもなるほどよく勉強している。ただ考えてみて欲しい。どこの役所も〝広報の専門家〟を募集（※1）しているわけではないんだよ」

B君の不安な気持ちはますます募る。先輩が次に何を言うか固唾をのんで待った。

※1　お役所によってはニーズに応じて、「広報の専門家」を経験者採用枠で募集することもある。

「国家公務員、総合職ならもちろん、一般職でもそう。国民のために働く、公のための仕事をする。うちだと産業経済について、その政策を打ち立てて、国民のお役に立つことが使命ですよ。ならばうちに入りたいなら、まずは産業経済をどうしたいか、ではないですか？」

こう話す先輩は、「財務省なら財政、金融を通して国民の役に立ちたい」「国土交通省なら国のインフラを整備することを通して……」と、それぞれの省庁名を挙げて、さらに続けた。

「どういう公務員になりたいか。乱暴な物言いだけれども財務省に入りたいのなら財務省という枠の中で。経済産業省なら経済産業省という枠の中で、どんなキャリアを積みたいかを考えないと。採用試験前から〝広報〟と決め打ちすると、どこの役所の役人の誰もがね、それは『広報代理店に行った方がより可能性が拡がります』と言うよ――」

至極もっともな話である。B君は、なぜ経済産業省の出先機関である〇〇経済産業局に入りたいのか、そもそも公務員になりたいのか、一から公務員志望、進路について考えることになった。

「折角、うち〇〇経済産業局を目指して勉強しているのなら、まずはうちでしか出来ないこと、それを考えてみては？」

こう先輩に諭されたB君は、あらためて自分は経済産業省○○経済産業局で何をしたいのか、そして何が出来るのかを考えた……。

じっくりと募集職種の目的を考える――

公務員に限らず、就職活動時、よくいるのが、このB君のような、「明確な職種や配属先」を決めて、そこから進路を考えるというケースだ。

もちろん、これが奏功することもある。しかし、これは、これから採用に臨もうという人であれば、あまりお勧めできない。

というのも、やはり各省庁、もしくは全国の地方自治体での新卒者の募集では、「行政職」であれば、あくまでも行政職――行政に携わるありとあらゆる職に携わる人を求めているからだ。

なかには採用時から専門性を求めている募集もある。建築、土木といった技術職がその好例といえるだろう。

では、技術職の募集で、「私は広報をしたいです」

まずは興味あるお役所の仕事に興味を持とう

経済産業省で
広報をしたいのなら、まずは立派な
経済産業省の職員にならないと、
業務内容もわからないよね……
広報の仕事を
したいのです!
どこの役所も
広報以外の仕事が多い。
ずっと広報の仕事をしたいのなら、
広報代理店にでも
行った方が……

「採用の入り口が技術職だというだけです」「採用後は技術職には興味はありません」と言えばどうか。役所としては技術職を募集しているのに、これに興味がない、別の職種の仕事をしたいという人を採用するか……という話だ。

公務員を目指すのであれば、まず目指す役所が何をしているところか、そして、そこから自分は何をしたいのか、すなわち志望動機を考える方が、より採用に近づくといえよう。

▼興味のある仕事やみずからの特性からお役所を選ぶ!?

どうしても興味のある仕事から職業を選びたい——きっとそういう人もいるだろう。たとえば「僕は英語が出来る。だから英語力を活かせる役所がいい」といった具合である。

この英語を例にとると、今、国、地方を問わず、どこのお役所でも英語が出来る人材を求めている。しかし、これまで見てきたように、いくら英語力があっても、採用職種によっては、ずっと英語力を活かせる職場に配属されるという保証はない。

とはいえ、職場全体が、英語を活かす雰囲気……というところもなくはない。よく知られたところでは外務省、財務省税関、防衛省情報本部、法務省入国管理局などなどである。

財務省税関であれば、国家公務員一般職を受験、合格して採用……日々の仕事で語学が必要な部門が多いことから、必然的に英語学習の必要がある。法務省入国管理局も同様だ。

すこし違った系統では外務省が挙げられよう。大学卒での受験であれば難関で知られる外務省専門職員採用試験という試験を受験、合格後、国内での研修の後、海外の大学院などに留学。その後、在外公館と東京・霞が関の外務省本省にて活躍するこの「外専」は、いわば語学のスペシャリスト。英語力を活かす機会にも恵まれる。

ただし、ときに「外専」と呼ばれるこの職種は、たしかに英語を専門とするスペシャリストも育てているが、その採用目的は、あくまでも「語学の専門家」だ。中国語、韓国語、フランス語……といった言語が専門となることもある。その辺り、気をつけておかなければならない。

この外務省と同じく国家公務員一般職とは別枠での募集となるのが防衛省専門職だ。この採用試験では、主に英語、ロシア語、中国語といった語学のスペシャリストを募集、採用後は、防衛省情報本部や陸海空の各自衛隊機関で活躍する。自衛隊員ではあっても自衛官ではない。制服組との仕事の違いを理解しておきたいところだ。

公務員として語学を活かした仕事をしたい！

	受験する試験
外務省専門職員	外務省専門職員採用試験
防衛省専門職	防衛省専門職採用試験
財務省税関	国家公務員一般職
法務省入国管理局	国家公務員一般職

国家公務員一般職での採用と、
外務省や防衛省のように各省庁、
それぞれ独自で採用試験を
設けているところがあるね
外務省専門職員と
防衛省専門職、国家公務員一般職で、
いくつかの省庁への採用機会
があるね

みずからの特性を活かしたお役所選びは？

民間企業も含め、就職活動で大事なのは自己分析だという。漠然と公務員になりたい、でも、何をしたいのかよくわからないという人もなかにはいるのではないだろうか。

とはいえ、公のため、すなわち国民や市民のために働きたいという人も、きっといることだろう。そうした向きにお勧めなのが、徹底した自己分析を行い、みずからの性格、特性を把握、それを活かした各省庁、あるいはその特性を活かした職種を探すというものだ。

たとえば、何にでも興味が湧く。それでいて地元でずっと働きたいという希望がある。加えて「9時から17時まで」、きちんと机に座って仕事をしても苦にならない――、そうした人ならば、地方公務員、県庁や市役所を選ぶといいだろう。

なぜなら、行政職として地方公務員として全国都道府県庁や市役所に採用された場合、入職から定年退職まで、さまざまな部署へと配属される。一般的には年齢が上がれば上がるほど、様々な分野の職種を経験、どんな業務でも対応できるように……すなわちゼネラリストとしてのキャリアプランが用意されているからだ。国家公務員として東京・霞が関の中央官庁、およびその出先機関でも、同様の傾向が見られる。

もっとも国家、地方を問わず公務員として採用された人、皆が皆、こうした「ザ・モデルケース」のようなキャリアプランが敷かれるわけではない。

お役所の人事サイドの判断、そして本人の希望も含めて、キャリアプランは、公務員個々人に合わせてカスタマイズされるところもある。

では、そんな具体例を公務員志望の大学同級生5人組の例を紹介したい。

秀和大学(仮名)公務員ゼミ5人組同期生たち

C君、D君、E君、F君、G君は、秀和大学(仮名)の大学同級生だ。秀和大学は、地方にある新興の私立大学だが、公務員試験合格者を多数輩出していることで知られている。

彼らは公務員受験ゼミの同期生である。5人全員、希望叶って公務員採用試験に合格。それぞれ採用されたお役所に勤めることになった。

彼らは順調に公務員を進路に考え順調に試験を突破した者もいれば、進路に悩み、アドバイスを得て、それをみずからのものとして進路を切り開いた者もいる。

その彼らに共通しているのは、公務員として働きたいという気持ちと、みずからは何が向いているのか——という自己分析をしっかり行ったことに尽きよう。これは案外、経験者採用を考えている向きにも通じるところがある。

12 語学好き、人と人のコミュニケーションが得意

外務省専門職員

最初の10年はまだまだ修行の身!?
外務省専門職員となったC君のキャリアは？

日本の外交に携わりたい——、そんな思いから、大学入学時から公務員志望だったC君は、大学では英語研究会に所属。学外では公務員を目指す学生が集うゼミに参加、また公務員予備校にも通った。まさに勉強漬けの学生生活である。

学生時代の努力が実り、難関で知られる外務省専門職員試験に合格、無事、外務省に入省した。ほかの公務員もいくつか受験したが、どうしても外務省に入りたかったC君にとっては、「外務省以外のお役所はたとえ合格しても行くつもりはない」……、単なる併願先だった。

公務員の世界は、かつてほどではないにせよ、採用試験時の成績、すなわち席次がモノをいう場面がある。とくに外務省専門職員（※1）は、その職種こそ、かつてのノンキャリア、一般職ではあるものの、東京大学をはじめとする著名な難関大学卒業生も多数、この外務省専門職員の枠で合格、採用されていることで知られている。

入省して1年目〜3年目

外務省専門職員試験に合格後、C君は、外務省へと赴いた。まだ入省前だが、外務省専門職

※1　出身大学では東京外国語大学の卒業生が多いといわれる。私立大では上智大が多数という印象だとか。語学に自信がある者がこぞって受験する職種として知られる。

員としての専門分野を決めるためだ。C君は第1希望を英語が専門と決まった。以降、C君の外務省での立ち位置は、いわゆる「アメリカンスクール（※2）」というグループに属することになる。これは外務省に籍を置く限り、生涯続く関係だそうだ。

入省後、C君は、「早く外交の最前線に出して欲しい」「外務省の実務に触れたい」と熱望する。しかし希望通りにはいかない。同窓の先輩から、こう言われる。

「パンフレットで見ただろう。入省して実質10年は修行の身、まだまだ新人という扱いだ」

外務省専門職員であるC君に求められるのは、まず語学力、英語のエキスパートになることだ。そして英語以外のこと、外交に関わる事務諸々の仕事もまた覚えていかなければならない。

外務省専門職員採用者は、入省してすぐ外務省研修所で新人公務員として必要な教養や実務に関することの基本中の基本について学ぶ。これが1か月ほど続く。

そして5月から翌年の3月まで、東京・霞が関にある外務省本省の各課、各室、いわゆる原課に配属となる。とはいえ、これはあくまでも研修だ。これと並行して週2日半日、研修言語と呼ばれる専門となる語学の研修も受けなければならない。

こうして1年目が過ぎていった。C君にとって外務省各課・室への配属は、「外交の最前線に携わっている」という希望をすこしは満たすものだったが、やはり研修の身。公務員としてまだまだ一人前ではないことを思い知らされる。

※2　語学研修別で英語なら「アメリカンスクール」「イングリッシュスクール」、中国語なら「チャイナスクール」、ロシア語なら「ロシアンスクール」として、それぞれグループ化している。

「10年、国民の血税で学ばせて頂いている。ここは必死で勉強させて頂くか――」

こう腹を括ったC君の2年目は、また外務省研修所で主に研修言語の習得だった。語学のエキスパートとして、将来は要人の通訳を行う機会もある。「外専」採用者で、語学が習得できない……となれば、「ちょっと恥ずかしい」(外務省専門職員採用・女性40代)ことはいうまでもない。

まれに会計、条約といった分野で強みを発揮する人たち――外務省では、こうした人たちやグループを特に「会計マフィア」「条約マフィア」ということもあるそう――もいるが、これも外務省職員である以上、まず「研修語学が覚束ない人であれば、いくら会計や条約に長けていても、あまり相手にされない」(同)という。

入省して2年目。霞が関の他省庁やその出先機関、あるいは各地方自治体といったお役所に勤務する公務員となった大学同級生たちのなかには、はやくも第一線に出て活躍している人も出始めるなか、C君の2年目は4月から夏まで日本国内でずっと研修に明け暮れた。

そして迎えた夏。C君は「外専」採用者の研修の一環である海外研修に出ることになる。この研修はアラビア語だけが3年、それ以外の言語であれば2年というのが通例だ。現地の大学や語学学校で語学力に磨きをかけ、その国の政治・経済、文化、最新事情について学ぶ。C君はアメリカに赴任。研修先の大学へ通うことになった。この間は、立場こそ外交官だが、その生活は「まるで学生に戻ったかのような生活」(同)だといわれている。

もっとも国民の血税で学ぶのだ。本当に学生に戻って遊びまわる人もいるようだが、意外にも、そうした人のほうが留学先の国の人となりや考え方をきちんと身に付けて、その後の外交官人生に役立たせるという声もある。

必死で勉強するか、それとも留学先で社交を通して、学問や語学以外のことを学ぶかは、その人次第だが、いずれにせよ外交官として必要な知識を学んでくることはたしかなようだ。

入省から5年目以降

アメリカの大学を卒業したC君は、そのままアメリカの大使館に外交官補として勤務することになった。もう4年目の外務省員である。まだまだ一人前とはいえないが、それでも入省1年目の頃とは違う。

入省後5年目、C君に帰国命令が出た。外務省本省での勤務である。外務省専門職員は、概ね3年から5年くらいの期間で日本と在外公館と呼ばれる各国の大使館・領事館の勤務を繰り返す。在外公館では政治、経済、文化といった担当を持ち、情報収集に当たると同時、海外にいる日本人のお世話といった業務も行う。

入省してから20年目くらいになると、外務省本省では課長補佐級である首席事務官、在外公館では領事クラスの役職に就き、定年まで、外交官人生をまっとうする。

13 世の中の動きに興味があり、正義感が強ければ……

警察庁警察官（スペシャリスト採用）

▼国家公務員一般職合格で警察庁入庁したD君――準キャリア組として

国家公務員一般職といえば、ともすれば中央官庁の出先機関での採用という印象が強いものだ。しかしこの区分では出先機関だけではなく、本省庁での採用もある。

なかでも警察庁では、旧国家公務員Ⅱ種職の時代から「準キャリア（※1）」として遇されることから、今の国家公務員一般職に至るまで、とても人気のある職種、官庁として知られている。今では国家公務員Ⅱ種職採用者が県警本部長に就任した人もいるくらいだ。

新聞を社会面から最初に読むのなら警察庁？

国家公務員一般職試験に合格したものの、D君は、とくにどこの官庁に行きたいという希望がなかった。

そこで官庁訪問は、財務省、経済産業省、農林水産省といった人気官庁、そして総務省、厚生労働省といった旧内務省系と呼ばれる伝統官庁と廻れるところすべてを廻ることにした。

どの官庁も魅力的だ。しかし、なぜか興味が持てない。そこで大学のゼミの先生に相談すると、こんなアドバイスを貰う。

※1　国家公務員一般職合格者で警察官としての採用。

「君は新聞は、どこから読む？　どんなテーマに興味がある？」

ネットニュースしか読まないD君だったが、毎日、「事件モノ」と呼ばれるニュースは読む。銀行強盗、殺人事件、オレオレ詐欺……、それでD君は、警察庁の門を叩くことにした。

どうしても警察庁に入りたい——そんな気負いがなかったからだろう。D君は警察庁の採用面接を無事突破。スペシャリスト候補として警察庁に入庁した。この採用では、国家公務員一般職採用者は、警察官（巡査部長）に任命されるものだ。

大学卒で全国都道府県の警察に警察官として採用された場合、任命されるのは巡査。警察官としてはいちばん下の階級からスタートである。

大学卒であればこの巡査の階級を2年経験、それで巡査部長の昇任試験の受験資格を得られる。これに合格するのは、「有名大学を卒業している者でも巡査部長への昇任が出来ず、40代を超えている者もいる」（兵庫県警察関係者）というなかなかの難関だ。

しかし国家公務員一般職での採用者は、22歳大学卒業時にいきなり巡査部長からスタート。以降、全国の都道府県警察採用の警察官が、巡査部長、警部補、警部……と、それぞれの階級を昇任試験を受験しなければならないのとは対照的に、一切の試験の類はなく、警部補、警部、警視……と昇任を重ねていく。そして採用から15年目の警視までは同期生と足並みを揃えて、ひとつ上の階級である警視正には採用から25年目以降、同期生中、順次、昇任していくことになる。

いきなり巡査部長・主任として警察署勤務——1年目、2年目

大学を卒業してすぐ、D君は関東管区警察学校への入校を命じられた。ここでは警察官としての基礎を叩きこまれる。

これを修了すると、東京の警視庁の所轄と呼ばれる各警察署に主任として赴任、約1年間、現場での勤務経験を積む。この1年目、2年目は、まだまだ研修中という位置づけだ。とはいえ現場では、「私は研修中なので……」などという言い訳は一切通用しない。

「国家公務員総合職、一般職で採用された警察官は若くして上に昇っていく。だから言い訳が許されない。知りませんではすみません。その分、周囲も厳しく教育していく」（警察庁関係者）

24歳の警部補——係長職を経験

国家公務員一般職合格の警察官が、名実ともに「一人前」として扱われるのが、警部補への昇任以降といわれている。この警部補という階級は所轄署では係長職、警察庁では係長心得といった役職に就く。

D君も例外なく係長心得として警察庁に赴任。その仕事内容は施策の企画、立案について、その調査、アシスタントといった業務だ。警部補に昇任してからは、現場よりも主に行政官としての仕事に比重が置かれるといわれている。

とはいえ、一般の警察官が何年もかかってようやく到達する階級に、わずか24歳で就くため、

日々、心身両面の鍛錬が求められよう。

その後、30歳前で警部へ昇任。この頃には警察官としての専門性、たとえば刑事畑、公安畑、交通畑といった専門性を持つと同時、「経理」「人事」「政策立案全般」という行政官としての得意分野も合わせて習得していく時期だといわれている。

この国家公務員一般職での警察庁への採用は、他省庁に勤める公務員に比べて、若くして高い階級に就く、人の上に立つことから、強い使命感と責任感が求められる。そこに魅力を感じて入庁を考える人も大勢いるそうだ。

14 研究者、マスコミ記者、刑事……ではないけれど調べものが好き

公安調査官

▼じっくり調べものが好き――公安調査官となったE君

今や公務員、民間を問わず、就職前に自己分析を行うことは、もはや当たり前だ。そうした時代にあってE君は大学3年次の時点で、徹底して自己分析を行っていた。

大学の就職課や公務員予備校、そのほか就職希望者が集まるセミナーを通して、みずからをよく分析したE君は、自分自身を「チームワークでの仕事もこなせるが個人で仕事をするほうがしっくりくる」「いろいろなことに興味がある。調べもの、調査が好き」「研究者とは異なる視

点で物事をじっくり調べたい」という特性を見い出した。

みずからの特性を踏まえたうえで、公務員志望だったE君は、まず地方公務員の受験を諦めた。地方公務員として全国の都道府県に勤めた場合、求められる資質はゼネラリストとしてのそれだ。E君は、「調べものが好き」というみずからの特性を「リサーチャー」と勝手に名づけ、そのリサーチャーとしての仕事がしやすいお役所という観点で、みずからが勤めたいお役所を探すことにしたからである。

そうして浮かび上がったのが、警察庁、法務省公安調査庁、厚生労働省麻薬取締官……などなどだ。結果、「長期的な視点で国や社会について考え、それについての調査に携わることのできそうな」公安調査庁（※1）の門を叩くことにした。

情報の取り方の基本を学ぶ新人時代

国家公務員一般職として近畿公安調査局に採用、配属されたE君は、いきなり最前線ともいえる部門に配属された。もっとも、ここでは新人の常で、最前線で上司や先輩から公安調査官としての仕事を叩きこまれる日々である。

「明日、君は、某カルト宗教団体の担当となった。どうやって情報を得る？」

「君のために危険を冒して右翼、左翼、カルト宗教団体……などなどの構成員から情報提供者を作る？」

※1　あくまでも調査が任務である。警察官のように拳銃を携行したりはしない。

このように「みずからを信頼して情報を提供してくれる人」をいかに大勢作るか、そして、その情報提供者をいかにして増やしていくかについて学ぶ。

「一応、公務員としての新人研修はある。それ以外は現場主義というか。よくドラマや小説に出てくるような〝公安オタク〟が喜ぶような銃を持って云々とか、そういうのはない。そもそも公安調査官は銃など携行していないし……」

こう語るのは元公安調査官だ。公安調査官となって1年目、総合職であれ一般職であれ、学ぶことはあまり変わらないそうだ。だが何を学ぶかは、配属先とその人次第、国の治安を揺るがす動きについて調査するお役所のため、その業務内容は秘密のベールに覆われているところか。それだけになかなかの情報が外の私たちに伝わってこないものなのだ。

10年間係員、12年目に係長級に

公安調査庁は総合職、一般職どちらでの採用でも昇任の差はあまりないという人もいる。事実、係長級の役職に就くのが、総合職採用でも10年目、一般職採用でも12年目から15年目といったところだ。

もちろん公務員として他省庁に採用された同期採用者と同じく昇任・昇給を重ねていく。

しかし係長、課長補佐といった役職に就くのは、他省庁に比して、「やや遅い」「そもそも椅子がない」という実情もある。

「そもそも公安調査官は、庁内で係長とか課長補佐という以上に、どんな役職よりも『公安調査官』という官職名が表に出るもの。1年生でも情報提供者に食い込んで情報を取ってきたり、国の治安を守るためにどんな情報を調査するかという企画を立てたり……。そこに面白さを見い出す。だから高い役職に就きたいという人はすくないのではないか」（元公安調査官）

E君の言うように「リサーチャー」として、生涯をまっとうしたい、そんな人にはお勧めの職種といえるだろう。

15 地元に貢献したい、だからずっと地元にいたい

県庁、市役所職員

▼ありとあらゆる行政を経験させられる

ひたすら地元○○県からの転居を避け、生涯ずっと地元で働きたいF君は、並み居る大学同級生たちとは違い、徹底した地方公務員志望、受験先も○○県、政令指定都市の□□市、近隣の△△市、そして国家公務員一般職……だった。希望叶ってF君は、○○県へ採用が決まる。公

務員志望のゼミに属していたものの教育学部出身のF君は、合格者ばかりが集まる会合で知事に、「教育行政に携わりたい」という希望を話してみた。

それが功を奏したのかどうかはわからない、だが、それでも1年目から希望叶って教育委員会へと配属されたのだ。

1年目から3年目まで教育委員会で事務を担当

教員免許状も持ち(※1)、教育学部出身という学歴、徹底した地元志向——公務員1年目から興味のある分野の部署へと配属されたF君は、入職後の新人研修を終えると教育委員会での仕事が待っていた。前任者は高校卒で入職した先輩だ。てっきり大勢の人数がいるチームの一員として与えられた仕事をこなすのだろう、とおもっていたF君にとって、これは驚きだった。

「君には〇〇県の中学校の事務職員全体の総活役、それから〇〇県の中学校の全予算配分とそれに関するありとあらゆること。これが担当だから」

つい先日までただの大学生だったF君は、「これが県職員という立場なのか」と身の引き締まる思いだった。嫌が否にも張り切るものだ。わからないことは周囲の先輩や上司が丁寧に教えてくれる。そうして3か月も経った頃には、周囲から「3年もここにいるみたいだね」と言われるくらいに職場に溶け込んでいった。

※1 教員免許状、社会教育主事、学芸員などの資格を保持している者は、教育委員会への勤務を希望した際に、その希望が通りやすいという自治体もある。

4年目から7年目までまちづくり部へ

教育委員会での仕事も慣れ、もっと教育委員会で仕事を覚えたいと思っていたF君ですが、ある日突然、あらたまった形で上司から呼び出される。

「君は4月からまちづくり部へ行ってもらう」

こうして教育委員会からまちづくり部へと異動。主に公共事業発注に関する事務を担当することになった。日々やってくる建設業者のなかには、「今度、是非、お食事でも」とあからさまに接待をほのめかす業者もいます。でも、これを受けることは御法度。収賄罪にも問われかねない。

まちづくり部で1年間、公共事業の事務を担当した後、今度は、おなじまちづくり部でも総務課へと配属替えとなる。

これまでは特定の案件、たとえばまちづくりとか税収、学校の予算といった案件を担当する原課《げんか》、すなわち担当課での勤務しかなかったF君にとって初めての「とりまとめ課」での勤務だ。

ここで、まちづくり行政の流れ全般を勉強することになった。

8年目から11年目まで　大学院研修

まちづくり部での勤務も4年を超えた頃、そろそろ違う仕事をしたいなと思っていた矢先、人事部からいくつかメールが届いていることに気づく。

「大学院研修応募者募集。応募資格7年目以上の職員……」

「出向可能な職員、人事部まで連絡請う」

ずっと地元に居たいと思っていたF君だが、人生のうち何年間か、東京の霞が関の中央官庁に勤めてみたい、そこで公務員としての視野を拡げてみたいという希望も出てきた。

あるいは大学院で学び、もっと知識を深め、それを公務に活かしたいという希望も、入職以来、心の片隅にずっとあった。

年齢も30歳、そろそろ結婚をというプライベートでの人生設計を考えなければならない歳だ。家庭では母親が病に倒れ、その看病もF君が担っている。

人事部にいる大学の先輩に相談すると、「東京・霞が関の中央官庁への出向は3年間はずっと東京勤務」「公務員としてとても勉強になる。しかし激務。地元に帰るのも大変」だという。

対して大学院研修は、「○○県の場合、まず『まず大学院研修を受ける職員を選抜』し、その選抜された職員は『人事部付』となり大学院受験の準備をする」ことがわかった。話を聞くと、勝手に大学院を受験して合格。県職員の立場で大学院に入学――ということもできるようだ。

でも、大学卒業以来、あまり机の上での勉強をせず、F君は、まず○○県の「大学院研修選抜試験」を受けることにした。

これに見事合格したF君は、人事部で事務に関する補助的な業務に従事しながら、週に3日間、半日ほど、経済理論や英語の研修を受けて大学院受験に備えた。そして地元の国立大学の大学院に社会人枠で合格。2年間、修士号の取得を目指して学業のみに専念することが公務員としての仕事となる。その間、病に倒れた母親の看病もできる。

この修士号を取得して県庁に戻ると、すでに11年目職員なので係長職に就くことは間違いないだろう。

16 机の上で仕事をするよりも

海上自衛官

海への憧れから……海上自衛隊幹部候補生として入隊、幹部海上自衛官になったG君

大学では、C君たちが属する公務員志望者のゼミに籍こそ置いていたものの、G君は、今ひとつ、このゼミの仲間たちのように公務員試験に向けて張り切って勉強に専念出来ずにいた。

中央官庁とその出先機関、財務省、経済産業省、外務省に法務省……、ありとあらゆる業務がありある。そのどれもが自分に向いているとは、到底、思えることがなかったからだ。

地元志向のF君のように、「地元に居たい」という理由も。数的処理、法律、一般教養などなど広範囲、多岐にわたる学習内容を網羅するだけの気力も湧かない。

困り果てたG君は、ゼミの先生にみずからの胸の内を明かす。すると先生は意外なことを言

う。

「君は海が好きだと言っていた。だったら海に関係する役所を探してみたら。具体的な進路が見えてきたら公務員試験の勉強にも身が入るだろう――」

ヨット、サーフィンを趣味とするG君は、仲間たちがこぞって国家公務員一般職や地方上級と呼ばれる県庁だの市役所だのの採用試験に向けて勉強する気にはなれなかった。

「国家公務員一般職だと、どこの役所に行くかわからないじゃないか。地方公務員だと、どんな仕事をするのかわからないじゃないか――」

G君はこうした理由から、公務員受験そのものを諦めようかと思っていた矢先のことだった。ひとまず海に関係する公務員、加えて大学卒業者でも応募できるところで浮かび上がったのが海上保安庁や海上自衛隊である。

大学卒の者が海上保安庁に入るには……

海上保安庁に入るには、大学卒業者ならば、今(2023年時点)では海上保安大学校初任科(大学卒業者枠)と海上保安学校がある。海保大が幹部養成コース、保安学校が一般職員養成コースだ。

もっとも海保大(※1)の大卒者枠は、まだ発足したばかりということもあり、東京・霞が関の官界界隈はもちろんのこと、海上保安庁関係者ですら、「遠い将来のビジョンがよく見えない」ということで一致している。

というのは、たしかに「大学卒」、これに加えて海上保安庁内では「キャリア組」として遇される海上保安大学校の同窓に連なることができるが、はたして、それをもって本当に海上保安庁のキャリア組という扱いになるのかどうか、まだ未知数のところがあるからだ。

そもそも海上保安庁の内部でキャリア組として扱われるのは、高校卒で入校する「海上保安大学校(本科)」の卒業生だという見方もある。防衛省所管の防衛大学校、気象庁所管の気象大学校のような存在といえばいいだろうか。

この高卒で4年の大学教育を海上保安庁(海保大)で受けた卒業生は、これまでの例をみると、遠い将来、海上保安庁長官、管区海上保安本部長といった高級幹部海上保安官となるための進路が用意されている。

では、大卒枠の「海保大(初任科)」はどうか。ひとつは海保大本科の卒業生と同じく遠い将来、高級幹部海上保安官となる道が開けるコースとみる向きもある一方、一般職員でとなる海上保安学校卒業生を幹部海上保安官に育てる「海保大(特修科)」卒と同じく、将来的な進路としては、「海保大(特修科)」卒業生と同等の扱いになるのではという声もある。

海上自衛隊の大学卒採用者枠は、「一般幹部候補生」という区分が、幹部自衛官養成コースで、内部では防衛大学校卒業生と同等の扱いを受けている。

※1　海上保安大学校初任科のこと。海上自衛隊には一般大学卒で幹部へ登用されるコースが設けられていたが、海上保安庁にはそうしたコースがそれまで設けられていなかった。

海上自衛隊幹部候補生学校への入校から一人前の幹部海上自衛官になるまで

こうした理由からG君が大学卒業時、まだ海上保安庁の大学卒業枠は、一般職員養成コースである海上保安学校の受験はしなかった。その海保学校にしても、「そもそもが高卒枠なので高卒者が採用では優先される」(現役海上保安官)という声もあったため、残されたのは「自衛隊一般幹部候補生」と高卒枠の自衛隊員のみだった。

一般幹部候補生枠の採用試験は、ごく一般的な公務員試験に出題される教養、そして大学などで学ぶ法学、経済学、心理学といった記述式の専門分野の試験が課される。

これに合格すると、1年間、広島県江田島市にある海上自衛隊幹部候補生学校で1年間の教育を受け、およそ半年間の実習航海に出て、幹部自衛官としてのキャリアがスタートする。

G君は、文系の大学卒業生だったが、この幹部候補生採用試験への合格により、艦乗りや潜水艦乗りになる進路が開けてきた(※2)。

無事に幹部候補生学校を卒業したG君は、過去の通例通り、世界各地に寄港する実習航海修了前、「艦艇幹部要員」と指定された。これによりごく普通の大学で法学を専攻していた文系大学生が、理科系といってもいい艦乗りへとなることが決まるというわけだ。

大学を卒業しておよそ1年半の間は、学校と実習航海だ。これはほかのお役所でいうところの「新人研修」の類である。しかし実習航海を終えて、「幹部自衛官」の階級章をつけて、その日のうちにとある護衛艦に着任した際、G君はみずからの立場と責任をこれまで以上に自覚することになった。上司である護衛艦『やまと(仮名)』艦長から、「G3尉、通信士として本艦に……」とあらためて配置について説明を受けた後、みずからの受け持ち部署に向かった。

※2　海上自衛隊幹部候補生採用者のうち飛行機搭乗員への進路を希望する者は、最初の採用試験時から別枠となっている。

そこにはG君の年齢の倍くらい年上の人が、G君の直接下の部下ということで、G君の着任を待っていた。

「通信士、G3尉。実習航海を終えたばかりだそうで。老婆心ながら、私たちはあなたを通信士、上司として扱います。なので『知りません』『わかりません』は仰らんで下さい」

こう言われた後、さらにこんな言葉が続きます。

「通信士、あなたは3等海尉です。その階級で『わかりません』は通用しませんから。ごく普通の会社や役所なら、もうすこし優しくできるのですが……。こういうところなので。ご理解下さい」

こうしてついこの間までの文系大学生は、「幹部海上自衛官」として上司と部下から鍛えられていく日々が始まった。

海上自衛隊の艦には、概ね「運航」「攻撃」「機関(エンジン)」「経理・補給」のセクションにわかれている。このうち経理・補給職種を別にして、「艦艇幹部要員」に指定されたG君は、入隊から約10年の間に、「運航」「攻撃」「機関」の3職種のすべてを廻っていくことになる。

これは内部では3ローテと呼ばれるものだ。もちろん人によって、この間に陸上勤務をしたり研修を受けることもある。

早ければ大学卒業後、約10年で海自の艦艇長に

艦乗りの幹部自衛官となったG君は、護衛艦『やまと（仮名）』通信士として、まず運航に携わった。これを1年間経験。その後、別の護衛艦で機関士としての勤務を命じられる。これも1年間の勤務だった。それから2等海尉へと進級。この階級に就くと、これまで以上に「新人扱い」はなくなる。そしてとある護衛艦の水雷長を命じられる。

これで「通信士（運航）」「機関士（機関、エンジン）」「水雷長（攻撃）」と、一応、ひとまず3ローテを経験。さらに深い専門性を身に付けるための研修を受けて、ようやく一人前の幹部海上自衛官となる。大学卒業後、およそ10年で一人前。幹部自衛官のひとまずの目標とされる艦長職には、小さい艦艇なら大卒後10年くらい、大きなそれなら同じく15年くらいかかるといわれている。

G君も、この例に違わず大卒入隊から15年目、とある護衛艦に艦長職として着任することになった。この時、37歳。「文系大学出身」などという意識はなくなっていた。あるのは「艦長として大勢の部下と国民の命を預かっている」という幹部自衛官としての責任感だけだ。

17 官庁訪問、HP、インターネットでの情報収集で気をつけるべきことは?

ネット時代だからこそ、直接、人に訊く――

▼お役所をよく知り、そこは自分と本当に合う職場か――自己分析を徹底する

民間企業、公務員を問わず、就職活動時、大事なのは自己分析だ。今の時代、これは多くの人がよくわかっていることだろう。

いくら筆記試験のウエイトが軽くなった、人物本位だといっても、やはり公平性を旨とする公務員の採用では筆記試験の成績は重要視される要素のひとつだ。

だからといって、「筆記試験で優秀な成績が取れたので面接は自分の思うように言えば採用されるだろう」というのは大きな間違いであることは言うまでもない。

しかし、こうした大きな間違いを犯している人は、案外、公務員試験の場では多いようだ。とくに地元志向の地方公務員、制服職種の警察官、消防士、自衛官といった職種にその傾向が顕著だといわれている。たとえばこんな具合だ。

【とある面接にて】

――もし□□県に採用された場合、配属先はどこかわからないです。それでもいいですか?

「はい。どこでも大丈夫です。□□県に勤めることが目的なので」

この「□□県」を、警察、消防、自衛官などなど、他の職種に置き換えてもいいだろう。はたして、そうした人を□□県だの警察、消防、自衛隊といったお役所が採用するかどうか、冷静に客観的にみれば、わかりそうな話である。

民間同様、公務員の採用面接で大事なのは、やはり志望動機だ。この志望動機もまた、「□□県に住んでいるから」「制服がカッコいいから」という理由では、とても採用は覚束ない。もっと深く掘り下げた志望動機を面接では語りたいところだ。

そのためにはみずからが志望するお役所をよく知ることが大事だ。これまで述べてきたようにお役所とひと口にいってもそのカラーは様々だ。

各都道府県庁や市役所といった地方自治体では、それこそ税収から教育、まちづくりとありとあらゆる職場があり、そのどこに配属されても公務員としての責任の下で仕事をしなければならない。国家公務員の場合、財務省、経済産業省とそれぞれの官庁でその仕事の大きな枠組みはあるが、それでも数ある担当課やその取りまとめ課ごとのカラーや専門性もある。生涯にわたってずっと同じ仕事をというわけにはいかないものである。

なので、もし自分が「この役所で働きたい」と思うのであれば、その役所でみずからが就きたいと思う仕事や部署以外のことをよく調べてみて欲しい。いつの時代でも、どこのお役所の人事関係の部署、もしくは広報は、きちんと聞けば対応してくれるものだ。なぜなら国民や市民の問い合わせなのである。納税者からの問い合わせをおざなりにするわけにはいかない。調べてみると、案外、そのお役所の表面的なところだけをみていたということもあるものだ。

Column

CASE 4

窮鼠（公務員）猫（議員センセイ）をかむ!?

「この案件なんだけど、すこしややこしいから、もし君がやるのなら、僕に一声かけてくれ。もちろんほかの案件でも、どんな些細なことでもいい。わからなければ聞いてくれればいいから」――

こう話してくれた先輩職員の親切が忘れられないと、とある地方公務員はいう。新人としてとある県庁に入庁。県本庁の知事部局を最初のスタートとして、はじめて原課と呼ばれる部局での出来事だった。

よく地方公務員生活、最初のスタートが知事部局というのは、将来、期待されている証といわれている。

それだけに知事部局を出て、ほかの課に異動した際、そこで上司、先輩、後輩から目の仇にされ、足を引っ張られることもあると聞いていただけに、とても有難く思えたという。

「スタッフ機能の知事部局の先輩方、後輩はキレ者が多くて相談しにくい雰囲気。でもライン機能の原課一筋の先輩、後輩方は、みな、優しく接してくれた。それが嬉しくて」（とある地方公務員談）

では知事部局では、どんな先輩方がいたのだろうか。

「原課とは逆。（この案件は、ややこしいから、君のほうで勝手にやってくれ。僕に聞いてきたら責任を被らなければならないから絶対に聞いてこないでね……）という雰囲気。なんとなくわかるでしょ」（同）

県職員になって四年目にしてはじめて出た原課で、公務員とは何たるかをはじめて考えた。

「知事部局だと、地元選出の国会の先生方とか、県会の先生方も、よくお見えになる。皆さん、とても紳士で、対応も丁寧だった。でも原課で、これら議員の先生方に会うと、その態度は違う。ものすごく居丈高だった」（同）

エリート揃いの知事部局では、議員の先生方も腰が低いが、原課だと、議員の先生方は「自分は市民の代表」「民意そのもの」とふんぞり返って、きつい口調で公務員に無理難題を吹っかけてくる。

この無理難題とは、やれ、どこの業者を今度の工事に使え、なぜあの業者を使わない、近いうちに発注予定の工事では、あの業者が詳しいから公平な入札ではなく、直接、業者と契約したほうがいいのではないか……、これはあくまでも民意の声として聞いてほしい……、などなど、刑法の斡旋収賄罪ではと思われるそれ。

ある日のこと。いつものように、とある威張り散らす議員が、無理難題を吹っかけてきた。そのとき〝事件〟が起きた。冒頭で紹介した先輩職員が、威張り散らす議員に向けていったのだ。

「おっさん、あんた議員バッジつけてるからて、無理ゆうたらあかんで。いまのあんたの態度、選挙民が知ったらどない思うかの？」

議員先生は、しばらくポカンとした後、烈火のごとく怒り出した。

「お前、コームインの分際で、なにを生意気ゆうとるんじゃ。処分してやる！　役職、名前をいえ！」

「ああ、ゆうたるわい。○○局××課主任　阪神太郎と申します。ていうか、しらこい（関西弁で白々しいという意味）ことというなや。この名札みたらわかるやんけ」

「なんや。その態度は？　絶対、処分したる！　県庁は口の利き方も教えてないんか？」

「できるもんやったらやってみい。でも、センセ、自分の親しい業者を役所がつこたらええんちゃうかて、さっきゆうたな？　これ新聞が書いたらどうなるんやろな？　いまから記者クラブ行って、事の顛末、み〜んな話したろか！」

——通常、こういう場合は……というか、滅多にこんなことはないが、誰か、上席の者が止めに入るものである。
しかし課長は気づかぬフリ、ほかの上席のヒトもみな、黙って事の成り行きを見守っていた。

「いま思うと、もう課長以下、みな腹を括っていたのだろう。さすがに暴力を振るうようなことがあれば止めに入っただろうけど」（とある公務員談）

結局、怒りに震えた議員はそのまま出て行ったが、その後、この部局には、滅多に寄り付かなくなった。

「こういう『漢』みたいな公務員、いまはいない。もちろん議員に噛み付いたくらいで処分はない。でも、やはり民意の代表だから怖い。この場合は、議員先生の息のかかった業者を使えとねじ込まれたから、ここまで強く出られたけれど。公正で透明な公共事業――そんな大義名分があったからいえたと思う」（同）

原課ではときとして、こうした横暴ともいえる議員センセイも相手にしなければならない。議員からつつかれ、県民からもつつかれ、公務員とはほんとうに大変なシゴトである。

第5章

公務員になる人、やめる人、民間から入って来る人 [キャリアパスとプライベート]

18 公務員のキャリアパスは？

これからの時代、キャリアパスは自分でカスタマイズ！

▼やはり公務員は新卒、ストレートでなったほうがお得!?

公務員になる人は、その多くが、新卒――高校や大学を卒業して、すぐに勤めた職場――での採用というのが、これまでは一般的だった。稀に同期生たちよりも年齢が上の人がいる場合、それは、概ね、次に該当するのではないだろうか。

「多浪（2年、3年以上の浪人）」
「他の仕事を経験した。転職組」
「（大卒枠の場合）大学院修了、もしくは留学経験者」

もっとも今も昔も難関で知られる公務員試験だ。なかには公務員浪人をする人もいる。1年くらいの浪人であれば、これは実質的に新卒扱いされるのは公務員世界の界隈では常識である。

では2年の浪人、2浪はどうか。これも実質的には新卒扱いされるようだ。

ただし、「ストレートで合格した人、1浪した人に比べて、どうしても何かあったときに目立つ」（元経済産業省出先機関勤務）というのが公務員世界ならずともの常識である。

とはいえ採用後、新卒、ストレートでの合格者と、1年、2年の浪人組がその後の人事で区別されることはないという。すべて公平な扱いだ。

これは浪人に限らず、他の仕事をしていた、海外を放浪していた……といったケースも同様だ。人事上での扱いはすべて公平に扱われる。

年齢という面では、公務員浪人に限らず、大学受験の浪人や留年も同じだ。公務員受験の際、年齢制限さえ満たしていれば、筆記試験と面接時の成績さえ良ければ、十分、合格、採用の可能性があるというわけだ。

そうすると公務員受験では何年も留年や浪人を繰り返していても、何の問題も課題もない、と思う向きもあるかもしれない。

もっとも、やはり浪人、留年を繰り返して公務員試験に合格、採用された人は、ストレート、現役でのそれに比べ、いくつかの課題があるようだ。

まず、浪人組と、あとで解説する廻り道の人たちは、現役組よりも公務員でいられる時間が短いことが挙げられよう。

たとえば、いわゆるストレート組の場合、大学卒・22歳で公務員になったとしよう。中央官庁に国家公務員一般職に合格、採用された場合、定年退職となる60歳まで勤め上げたと仮定したならば38年間、公務員として勤められる。

しかし浪人や廻り道をした人は、38年間から1年、2年と、公務員として勤務できる年数が短くなってしまう。

霞が関のとある官庁に勤める国家公務員Ⅱ種(現在の同一般職)採用の課長補佐男性は、これについて興味深い話をしてくれた。

「今の一般職（かつてのⅡ種職）採用なら、定年前のゴールとなる役職は課長か課長補佐として、その年収は今のところ800万円くらいとみていい。1年、公務員になるのが遅ければ800万円、2年だと1600万円、損することになる……」

まず収入面で本人にとって不利益が生じるというわけだ。収入、実入りということでは、これだけには留まらない。前出の課長補佐氏が続ける。

「退職金、その後の年金も含めて、とにかく実入りが減る。それは確かだ」

やはり浪人、留年は、公務員として働くうえでは不利益にはならないものの、収入面では、やや損失を被ることは間違いないようだ。

▼迴り道——民間企業など、他の仕事を経験した場合は？

では、高校や大学を卒業後、たとえば民間企業など、なにか仕事を経験して、公務員になった場合は、その後、どんな扱いとなるのだろうか。

これも、いくつかのケースがある。まずは大手、中小、零細を問わず、民間企業に正社員として勤務、ここから公務員試験を受験、公務員へと転じた場合が考えられる。

この場合、お役所によっては採用時、新卒者よりも給与面で優遇される――例としては、2年間正社員として民間企業に勤務していたならば、公務員採用時、給与面では3年目として扱うなど――こともしばしばだ。

お役所によってはそうした優遇がないというケースもあるので、ここはケースバイケースといえるだろう。いわゆる新卒枠では、社会人経験について給与ほか福利厚生面での優遇がないところもある。

では、社会人採用枠（※1）ではどうか。こちらはあくまでもそれまで社会で活躍してきた人の力を行政に活かすための採用なので、基本的には給与面、役職、職階諸々については、採用後も反映されることがほとんどだ。

公務員から公務員へ転職したという人も同じである。

このケースでは、前職である公務員として在籍中に、転職先である公務員職種の採用試験を受験しこれに合格。転職先の採用日の前日まで前職先に勤務すると、給与面諸々すべて引き継がれるのが一般的とされている。

また公務員を一度退職。再び公務員試験を受験し合格、採用となった場合も、退職日から採用日までのいわゆる空白期間を除き、再び採用された公務員職において給与面で反映されることがことが多いようだ。

これら正社員もしくは公務員としての経験は、公務員として採用後何らかの形で評価されることが多いという。しかし非正規雇用、たとえば契約社員やアルバイトといったそれは、新卒枠での公務員採用においては、採用後、一般的には給与面で何らかの優遇措置がないよう

※1　どこのお役所でも民間企業での経験は給与面に反映される。同年齢、同学歴の人と同期待遇になることが多いようだ。

だ。

やはり非正規雇用、アルバイトの経験は公務員世界では評価されにくいといったところか。もっともこれは新卒枠での採用の場合だ。社会人枠での採用であれば、非正規雇用、フリーランスでの活動も評価される機会も多々出てきている。

たとえばフリーランスでプロのイラストレーターとしての活動経験があった公務員ならば「ゆるキャラ」の政策に携わる、音楽大学卒のプロのピアニストとしての活動実績がある公務員ならばお役所のイベント時、とくに音楽系の職種ではなくてもピアノ演奏に駆り出されるといった具合である。

大学院修了もしくは海外留学――学位があるか否か

大学院修了して公務員試験にチャレンジ、採用されたという人もすくなくない。この場合、採用後の扱いはどうなるのだろうか。国家公務員一般職に合格したと仮定、いくつかの過去の例をもとにお伝えしたい。

まずは国内の大学院修士課程を修了し、修了見込みの年に公務員採用試験を受験し合格、採用された場合だ。

このケースだと採用年次こそ採用された年の同期生たちと同じだが、給与面、人事面での待遇は2年先輩の年次採用者と同待遇になることが多いようだ。

そのため同期生よりも、たとえば係長級に昇進するといった具合である。中央官庁、各地方自治体で勤務する公務員、そのなかでも多くを占める〝スーツ組〟がこれにあたる。

ただし日々の実務では、大卒新卒組とまったく同じく「1年目の新人」として扱われる。

警察と消防といった制服組職種も同じだ。警察と消防も2年先輩年次と給与面で同待遇となる。人事では、「実務面ではあまり差は（大学卒の同期生と比較して）ない」（警察庁関係者）というのが内部からの声だ。

この大学院修士課程修了者への待遇で、その厚遇ぶりで際立っているのが自衛隊だろう。大学卒程度で「幹部候補生」として採用された者は、1年間、幹部候補生として訓練を受け、卒業後、3等陸（海・空）尉という階級に就く。旧軍でいう少尉である。また大学院修士課程修了者は、入隊して最初の1年目、幹部候補生の段階でこそ、大学卒などの同期生と同じ階級だが、1年後、幹部自衛官への任命では、2等陸（海・空）尉、旧軍の中尉となる。

このように大学院修士課程修了者の扱いは、それぞれのお役所によって異なりがあるものの、概ね、給与面では反映させるところが多いというのが実情だ。

高卒、大卒、院卒……公務員人生は限られている

	高校卒・18歳新卒	大学卒・22歳新卒	大学院卒・24歳新卒
公務員人生	42年間	38年間	36年間

高校卒だと昇進できなければ
大卒よりも不利なこともあるみたい。
生涯賃金でみると大卒22歳新卒採用が
いちばんいいといわれているね
大学院を出ると2年上の
年次採用と同じ扱いにする
お役所もあるね

大学院修士課程修了――公務員としては有利?、それとも……

もっとも給与ベースで大学院修士課程修了者は、大卒者に比べて、決して有利とはいえない。まず公務員としての採用が2年遅れている。それに定年退職の年齢も決まっている。

大卒者が22歳で公務員となり60歳で定年を迎える場合、38年間の公務員人生だ。

大学院修士課程修了なら、その間、留年、浪人、留学などしていないと仮定すると、その公務員人生は36年となる。

「国家公務員一般職採用で1年目の年収はいわゆるボーナスなどを含めると、東京都内での勤務なら年収にして600万円から700万円程度だ。単純に、これが2年分ないわけだ。大卒者よりも2年遅れで採用されても、約1200万円から約1400万円をカバーできるかといえば、それはない……」

大卒で新卒、ストレートで採用された人に比べ、大学院修士課程修了者は、公務員としての生涯賃金収入のみならず、出世レースでもかならずしも有利とはいえないようだ。とくに行政や法律といった、いわゆる文系職種ほどその傾向が顕著である。

東京都内の私立大学で法学を専攻、大学院修士課程を修了し、かつての国家公務員Ⅱ種職、言際の一般職で入職した男性係長は、みずからの体験をもとに次のように語る。

「一般職はもちろん、総合職でも公務員の世界は、経験がモノをいうところ。大学院で2年遅れて入ったとして、これに追いつくのは、かなりの努力が必要……」

こうした悲観的な声がある一方で、楽観的な声もまたある。大学受験浪人を1年、大学院修士課程には3年在籍、同じく博士課程で1年間学び、現在の国家公務員一般職として中央官庁の出先機関に採用された課長補佐級の男性は、「人より遅れて入ってきた分、努力は必要」と前置きし、こう語る。

「公務員としての仕事に大学院での経験が直接活きるかどうかは自分次第。どういう職場、環境にあってもみずからの経験を意味あるものにしなければならない。それに実際、どこの役所に行っても、学歴や年齢が話題になるのは、最初の配属先だけ。人によって公務員人生が何年か差はあるけれども、大事なのは、その中身の濃さではないか」

与えられた時間は変えられない。でも、その時間をどう過ごすかは、人それぞれだ。たしかに公務員人生をどう過ごすか。このビジョンがある人とない人の差は、とても大きいのではないだろうか。

公務員採用後、「海外留学」経験はどんな扱いになるのか?

国内の大学院修士課程での経験は、修了、すなわち学位を取って初めて給与や人事面に反映される。中途退学の場合、たとえば1年間のみ通い、これを中退したケースだと、とある地方自治体では「半年間大学院で経験を積んだ」として給与面に反映させるところもあれば、「何の考慮も配慮もしない」というところもある。中央官庁では、「採用職種によって考慮することもある」と明確な回答はなかったものの、まったく考慮されないということではないようだ。

事実、こんな声もある。中央官庁に現在の国家公務員一般職区分で採用された係長級の男性は、みずからの経験から、こう述べている。

「大学院では文学部で日本文学を専攻した。2年通って修士号が取れず、そのまま中退したが、給与面で若干の加算があった」

これは海外の大学の大学院でも同様だ。学位を取れず、もしくは公務員受験のため学位を取らず帰国し、採用された場合でも、給与面で何らかの配慮、考慮がされることが多いようだ。ただし、「絶対に考慮される」というわけではないようである。

前出の中央官庁の係長級男性は、これについて「あくまでも私見だが」「匿名の一公務員としての現場での声」とし、こう話す。

「採用されたときの社会状況、もっと平たく言えば予算の関係で変わってくるのではないか。給与面で優遇するときは、民間のほうが人気あるとき、公務員になりたい人を数多く確保したいとき。つまり好況時。逆に不況で公務員人気が高いときは、わざわざそんなことをしなくても人が集まる。だから配慮されることもないだろう……」

もっとも国内ならもちろん、海外の大学や大学院なら、たとえ中退でも、それなりの扱いが期待できるものも、語学学校などの場合、給与面での反映が難しいことが多いようだ。

とはいえ給与面で反映されなくとも、採用後の配属先、長い公務員人生における経歴管理として、「何らかの形でその経歴（大学院などの中退）が活かせる場があれば考えることもある」（関西の地方自治体人事担当部門）という声も聞く。

大学院中退……、この経験を活かせるかどうかは自分次第。給与面で反映されるかどうかはお役所次第といったところか。

▼やはり公務員になるなら大卒か高卒でストレートでなったほうがいいの!?

ひと口に公務員といっても数あるもので、その職種や職務内容は大きく異なるものだ。とはいえ、ひとつ言えるのは、やはり公務員になるなら新卒での採用、ストレートで合格が理想であるということだ。

まず大学卒の場合、中央官庁やその出先機関に勤める国家公務員一般職や地方公務員上級職の場合、採用から定年まで38年の公務員人生だ。そのキャリアプランは、制度設計上「頑張れば幹部職員に昇進できる」ことになっている。

大学、大学院中退、海外留学は？

大学中退
大学院中退
海外留学（語学学校など）

→ 年齢要件にさえクリアしていれば採用の途あり!

（優遇面）
大学院を1年で中退なら給与面で大学院半年分をキャリアとして換算されるところもある!

偉くなれば給与面でも優遇されます。出世と給与——、どちらも上を目指すには、やはり大学卒で新卒、22歳で公務員採用、合格というのが黄金コースといえるだろう。

国家公務員一般職に大学新卒22歳で合格、とある中央官庁の出先機関に採用された場合、過去の例をみると、概ね、30歳前後で係長となり、40代半ばで課長補佐級、50代で課長級……というのが標準的なコースとなる。

全国の地方自治体に勤める地方公務員上級職もほぼ同様だ。

ただし、出世の早い人だと、国家公務員一般職、地方上級どちらも、20代後半で係長、30代半ばで課長補佐、40代で課長、40代後半ないし50代で部長級……となる。

大卒で38年の公務員人生だが、その出世の天井は最初の10年、とくに係長にいくつでなるかで、定年時の役職までほのみえてくるというのが実情である。

「何にも考えず、民間企業への就職も思うようなところがなく、ふらっと公務員受験を専門とする予備校に通って国Ⅱ種に合格した。官庁訪問して、自分にあった役所に入った。ただうちは出世が遅いことで知られる役所。30代前半で出先機関の係長、40代前半で同じく出先機関の課長補佐だ。50代に入って出先機関で課長になれるとは思う。それでも本省だと課長補佐クラスに過ぎない」

こう語るのは大学新卒22歳ストレートでかつての国Ⅱ種で採用された出先機関の課長補佐級の男性だ。新卒で入った分、「いろいろな経験をさせて頂いた」(本人談)という。

これは「公務員としての職務において」という意味である。たとえば経済産業省だと地方経済活性化のためのプロジェクトとか、国土交通省であれば大掛かりな都市整備計画の企画、実施といったそれだ。

これが浪人や大学院、転職からの入職となると、そうはいかないところがある。

公務員として大掛かりなプロジェクトに参加する、できる巡り合わせのチャンス、その機会がすくないからだ。

そうした機会に恵まれなければ、人事上、評価したくとも評価するための材料がない。だから出世の選考の際、そこでの話題にすら昇ることもない。そうしたことが二回、三回と続くと、もう出世コースからは完全に外れてしまう。これは誰しも察しのつくところだろう。

こと出世という面では、公務員としてこれはという経験を積む機会がない分、大学院で学んだ、転職してきた……、という経歴は、決して有利とはいえないだろう。

こうしてみると、やはり公務員として出世を考えるなら、大卒22歳、新卒でストレート採用、合格を目指したほうが、はるかに有利である。

国家公務員一般職採用ならば、かつての国Ⅱ種(一般職)の例から考えると、最終的には出先機関の長もしくはナンバー2的な役職にまで昇れる可能性がある。

「大昔の国家公務員中級、昔の国Ⅱ種、今の国家公務員一般職……、これらの区分で入職した場合、室長級への昇進に約32年かかるという。22歳で採用されて54歳でやっと本省の室長。課長の下だ。多くはここまで昇って来られない。課長補佐級で定年退職する」

こう語る前出の国家Ⅱ種採用の課長補佐氏だが、そうしてみると彼は、極めて優秀、出世をはたしているといえるだろう。

地方公務員上級での入職ならば、副知事や副市長(助役)など、公務員トップの役職も狙える。こちらも浪人、留年、転職などの経歴がないほうが有利であることは言うまでもない。

しかし、公務員になる人、とくにキャリア制度がなくなったといわれる時代の今でも、やはり幹部候補生として扱われる国家公務員総合職採用、入職の人でも、「俺は出世するために公務員になった!」という人は、実際にいるだろうか。すくなからず疑問である。

もちろん国家公務員総合職で受験した以上、「(出世の)可能性があればチャレンジしたい」と思う人もいるかもしれない。

とはいうものの総合職採用の1年生ならば、まだまだ「雑巾がけ」と呼ばれる修行の時期。配属先で雑用と研修に追われるなか、「三十数年後、俺は事務次官に……」と考える余裕は恐らくないだろう。

「私は、国の政策に携わりたかった。それでキャリアを目指した。入省後、東大卒が主流のなか、そうではなかった私に対して、役所は実に公平に扱ってくれた。出身大学や公務員試験での席次などは関係ない。ただ、仕事が出来るかどうか、人ときちんとコミュニケーションが取れるか。仕事もろくにできない新人時代、『もしかしたら俺は事務次官になれるかも……』だなんて思うことがおこがましいというか気恥ずかしかった」

とある中央官庁に地方の国立大学を出て、当時の国家公務員Ⅰ種に合格。キャリアとして採用された課長職の男性は、こう述べた。

「公の人として頑張って仕事をして……。結果として出世したというものではないか。それはどんな区分で入っても同じ」

そして前出のキャリア課長男性は、こう締め括った。

こうしてみると、たしかに公務員採用試験には、新卒22歳で合格、採用されることことに越したことはない。でも、大事なのは公務員として何を残せるか、どんな仕事ができるかではないだろうか。

19 脱コーは出来るのか？

もう今は珍しくもない……

▼公務員からの転職「脱コー」とは？

かつて転職することのない職業といわれた公務員だが、令和の時代の今、公務員から転職する人が増えつつあるという。

これについて、何人かの公務員たちの声を総合すると、概ね歓迎ムード、好意的に捉えられている。

「そもそもうちの役所は総合職採用で約20人、毎年、採用している。パンフレットを真に受けると、この20人、全員が将来事務次官になる。こんなおかしなことはない。審議官、局長級にしてもそう。そこまで同期生20人が役所に残っていれば人事はおかしくなる」

こう語るのは中央官庁勤務の課長職男性だ。この課長氏は、かつての国家公務員Ⅰ種で採用された際、「キャリアで入ったなら定年まで役所に勤められると思うなよ」と先輩から忠告された際、思わず、「言われなくてもわかってるよ」と内心思ったという。

「中央官庁の不文律で事務次官に就任した人が出れば、その同期生たちは全員省外に去る――というのがある。これからの時代、皆、言われなくても出て行くものだ」

続けてこう語ったキャリア課長氏は、「だって冷静に考えてみて欲しい。お役所でも民間企業でも役職が上になればなるほど椅子はなくなる。外に出なければならない。役職を上げずにずっと役所に居る……、若い人を採用できない。これでは役所の人事は成り立たない」と言い、総合職、一般職を問わず、公務員が転職する最近の動きを、これからはもっと加速化すると予測する。

では実際に公務員から転職した人たちはどんな進路を歩んでいるのか、その進路を紹介しつつ、今後、この動きは定着するのかどうかを考えてみたい。

公務員から公務員へ

中央官庁、全国各地方自治体の関係者何人かに、「公務員から公務員への転職」について訊いてみると、一様に返ってくるのが、「可能である」ということだ。

これを踏まえて、いくつかのケースについて見てみよう。

「基本的には、採用試験もしくは選考をパスすれば問題ない――」

公務員から公務員への転職では、①採用試験を受けて転職、②出向先などにそのまま籍を置くのふたつが主だったところだ。

①のケースの例としては、国家公務員一般職として採用されてから、地方公務員へと転職。そのために採用試験を受けて（受け直して）、合格、採用されたというものだ。もちろん地方公務員から国家公務員というケースもある。国家公務員から地方公務員という例もまた然りだ。あるいは高卒枠で採用された人が、大学夜間部や通信制で学んで大学卒業資格を取得後、大卒枠で採用試験を受けなおす……ということも珍しくはない。

この場合、たとえば高卒枠で地方公務員の採用試験に合格、X県に採用された後、大卒資格を取得。同じX県で大卒枠の採用試験（地方上級）に合格、採用される、いわゆる「任用替え」（※1）

※1　筆記試験という客観的な基準での評価なので、たとえ上司と折り合いが良くなくても試験さえクリアすればステップアップできる。

と呼ばれるそれがまず思い浮かぶところである。

あるいは先の例と同じく、高卒枠で国家公務員となった人が、勤務の傍ら大卒枠の国家公務員採用試験(総合職や一般職)に合格、勤務しているお役所に採用される、あるいは他省庁へと採用されるというケースもある。

同様に、大卒枠で一般職として採用され、その後総合職に転じるというケースも多々聞くところだ。いわゆるキャリアアップと呼ばれるそれである。

近年では、この逆のケースも出てきた。たとえば国家公務員総合職で採用された人が、一般職に転じるというものだ。公務員としての仕事を紐解いたとき、総合職のそれは、いわばリーダーといったところか。各種行政施策の企画立案を行う立場だ。

対して一般職はフォロアーだ。リーダーの指示のもと各種行政施策の企画立案に関わる枝葉末節となる業務に携わる。

外務省を例に取ると、とある国、P国との外交政策について企画立案するのが総合職、対して一般職はP国についてありとあらゆる専門知識を持ち、これをP国との行政施策を行ううえでその専門知識を活かす立場だ。総合職と一般職、どちらが上とか下ではなく、どちらがみずからの適正にあっているか、向いているかである。

一般職で採用され公務に携わるうち、みずから行政施策を打ち立てたいと思う人は、率先して総合職への任用替えを目指せばいいだろう。逆に総合職で採用されたものの一般職として、ある特定の分野のスペシャリストとして公務に貢献するのも、またひとつの生き方だ。

いずれにせよ、公務員試験受験の要件のひとつである年齢制限に引っかかることがなければ、公務員から公務員への転職は、公平を旨とする公務員試験では可能である。

最近増えてきた中途採用枠での募集なら、なおさら筆記試験や論文、面接などの試験にクリアしさえすれば、転職は可能だ。

その際、区分を問わず、重要なのは、この人を採用したいと思わせる「志望動機」だ。これは、試験のために作ったそれではなく、「なぜ公務員から公務員へ転職するのか」を誰もが納得し、かつ採用者を唸らせるものがあれば、より採用へと近づくことは言うまでもない。

さて、試験を経ないで公務員から公務員への転職というケースについても紹介しておこう。

これは、たとえば中央官庁から地方公共団体へと出向。そのまま、出向先へと籍を移すというケースが一般的である。総務省(かつての自治省)が地方公共団体へ出向し、そのまま地方公共団体から請われる、もしくはみずから志願してそこに籍を置くものだ。

公務員から公務員への転職

前職	転職先
国家公務員総合職(旧I種)課長補佐級	とある関西の県で警察官(巡査)
国家公務員総合職(旧I種)係長級	国家公務員一般職(旧II種)枠で地方の出先機関
国家公務員一般職・出先機関勤務	地元の県庁
とある中国地方の県庁	公立小学校教諭
とある関西の政令指定都市市役所上級職	国家公務員一般職(旧II種)枠で中央官庁本省

今は、かならずしも
キャリアアップではなく
キャリアペースダウンの
転職も増えている
キャリア、ノンキャリアから、
総合職、一般職の時代だから
生き方の問題では?

こちらも中央官庁から地方自治体のみならず、その逆、地方自治体から中央官庁へというケースも少ないながらもあるようだ。

これからの時代、こうしたケースでの転職は増えてくるというのが霞が関を中心とする公務員界隈では衆目の一致するところだ。

公（おおやけ）から野に下る——民間企業への転職

公務員から民間企業への転職は、過去はもとより今に至るまで、公務員界隈ならずともよく耳にするところだ。難関といわれる公務員試験に合格、採用されながら、なぜ手厚い身分保障もある公務員という職を捨てたのだろうか。

その理由は様々だ。ある元公務員は、「公務員ではできないもっと大きな仕事をしたい」と言い、またある人は、「大組織である官公庁や地方自治体とは違い、民間では意思決定のスピードが早いのでそうした場に身を置きたかった」という。

これら積極的理由で民間に転じる人だけではない……という現実もある。消極的理由で辞めざるを得なかった人たち、その彼、彼女らの転職理由は、聞けば聞くほど公務員という職業ならではの立場や使命感、責任感といったものを考えさせられる。

「何事を決めるにも、やたらと稟議が多い。最終決定を行う裁量権のある上司が内々に賛成している案件でも、その下の役職者が反対ならば決定には至らない。こうした組織風土で救われない市民がいたこともしばしばあった」（大阪府庁・男性）

「極めて近い姻戚が不祥事に巻き込まれた。直接自分には関係ない話だが上司から内々に辞めて欲しいと退職勧告された。そうした職場の雰囲気に嫌気した」（関西のとある市役所・男性）

公（おおやけ）の仕事を行う以上、公務員は民間企業とは異なる基準でのモラルであったり約束事が求められる。

右の例でいう、「稟議で誰かひとりでも反対なら物事が決まらない」も、行政施策という公の事柄を決める際、決定権を持つ上司ひとりの判断で物事が進むトップダウン型のそれはときとして危うさを感じるものだ。

責任ある立場である公務員、その行政施策に関わる責任者全員のゴーサインが出てはじめて、ようやく実施する——というくらいの慎重さが、行政には必要な場面も多々あるからだ。

同様に、親戚や姻戚が不祥事に巻き込まれた場合、その内容にもよるが、いくら直接関係のない話だからといっても、「市民はそうはみてくれない」という基準で判断するのが中央官庁、全国の各地方自治体を問わないお役所のスタンダードだ。

そのため、こうしたケースだとお役所は、「あくまでも上司の個人的な意見」という体《てい》を取り、内々に退職勧奨をすることも、令和の今の時代といえども決して珍しい話ではない。

いずれにせよ積極的、消極的理由を問わず、公務員が定年前に自己都合で退職、民間企業へと転じるのには、お役所ならではの組織風土に違和感を感じたからといったところだろうか。

そんな彼、彼女らの転職先は、公務員としての経験を活かすものもあれば、まったくの畑違いのそれと実に様々だ。共通しているのは、「なぜお役所を辞めたのか」を、転職先では採用面接の後、採用後も同僚からしばしば聞かれるという。

ここで「役所や公務員は自分に合わなかったから……」と答えるようでは、民間企業でも、「なら、うちの会社も合わないのだろう」と周囲は思うものだ。

「公務員としての仕事以上に、民間でこうしたことをしたかった。それには公務員としての経験が活かせる……」

これはあくまでも例だが、いつ何時でも積極的に民間への転身理由を述べられる人ほど、民間でも成功しているというのが、公務員界隈では一致している。

▼公務員経験を活かした資格取得を視野に入れた転職

一度、採用されると定年まで辞めない職業といわれた公務員だが、近年では、若い人ほど、そうした意識は希薄になってきているという。

なかには、「辞めることを前提として公務員になる」人もすくなからずいるようだ。そうした人たちが視野に入れているのが、「公務員経験を活かした資格取得」である。この資格を取得して独立、もしくは就職しよう

民間企業への転職の例

勤務先	転職先
大学卒・地方上級　とある関西の県庁	大手新聞社記者職
国家公務員一般職（旧Ⅱ種）	外資系金融コンサルタント業
自衛隊幹部自衛官（防衛大卒）	大手通信社記者職
大学卒・地方上級、とある関西の市役所	関西の公立小学校教諭
国家公務員一般職（旧Ⅱ種）	弁護士事務所事務員

というわけだ。

事実、いくつかの独立開業が可能な資格を紐解くと、たしかに公務員経験を積むことで無試験での資格取得、あるいは受験科目免除といった優遇措置があるものもある。

高校や大学でもキャリア教育が浸透した時代、まず、「独立開業したいから士業職の資格取得を目指したい」という大前提のもと、「そのためには資格試験時に有利なお役所はどこか」といった観点で、志望するお役所を決めるという人もいるくらいだ。

実際、資格取得に優遇のある公務員職種やお役所は、募集時から人気があるものだ。よく知られているところでは国税専門官がその筆頭といったところか。

国税専門官に採用され、国税業務に23年間携われば、その職歴によっては全5科目ある税理士試験の一部ないし全科目免除となる制度がある。税理士志望の人が、税務について深く実務経験を積むため、一度、国税専門官になってから……というのは、過去も今も、ひとつのコースとして定着している感すらあるくらいだ。

コースといえば公務員経験のみで資格取得可能な行政書士もよく知られている。これは高卒で17年の行政事務経験により無試験での資格取得できる。取得可能な行政経験年数を超えてすぐに独立開業という人も、

◎公務員経験があれば取得しやすい資格

	公務員として必要な経験	試験実施の有無
行政書士	高卒なら公務員経験17年以上	無試験
司法書士	裁判所事務官、同書記官、法務事務官、検察事務官の経験が10年以上	法務大臣の認定による(無試験)
弁理士	特許庁の審判官や審査官を7年以上経験	無試験
税理士	従事者10年以上など	科目試験免除。

巷、多々聞くところだ。

これら資格取得を見据えての公務員という進路は、当然のことながら国家、地方の公務員採用試験に合格しての採用など、いわゆる正規雇用でのそれが前提だ。

資格取得、独立開業という進路を見据えている人にとっても、公務員は検討に値する進路といえるのではないだろうか。

Column CASE 5

不祥事に連座した公務員は辞職しかない！？

時折、ニュースをみていると、こんな記事を目にすることがある。

＜○×事件での処分として、責任者である甲乙丙太郎局長は停職3か月となった。処分日は□月△日付。同日付をもって甲乙丙太郎氏は辞職した――＞

不祥事に連座した公務員に関する詳報だ。

このケースでは、ごく一般の世間的な感覚では「本当にこの人を処分しなければならないのか」と思われるような公務員ですら厳しい懲戒処分を受ける、加えて、その日付で辞職するということも多々ある。

これについて中央官庁のなかでも名門で知られるとある経済官庁勤務の課長級男性は、こう私見を述べた。

「責任を取るのが総合職の仕事。事件によっては何か月か責任者が停職、つまり仕事をお休みして、そこから何事もなかったように復帰すれば済むものではない案件もある。だからルール、つまり法に照らして、停職何か月とはするが、それでは国民の皆様にあいすまぬというときは潔く辞めて頂くしかない――」

この「潔く辞めて頂く」は、概ね、上司が説得してその途への流れをつくっていくのだそう。なかには、「なんで私が処分され、かつ辞職までしなければならないのですか?」と反発されることもあるという。前出の課長氏に続けて話を聞いてみよう。

「その場合は、一般的には辞めなかった場合の不利益について、丁寧に説明するのが過去の通例だ――」

そもそも事件が起きた、これは管理職として責任を感じないか。もし責任を感じなくても現に事件は起きている。誰かが責任を取らなければならない。ここは納得いかないかもしれないがわが省を守るため、国民に潔く謝る必要がある。だから辞めてくれ……、といった説得という名の退職勧奨が行われるのだとか。

「それでも辞めないという人は、年々、増えているという印象かな。そうなると最後の切り札発動だね」

最後の切り札——比較的激務ではなくて、それでいて収入面でも優遇される新たなる職場をお役所として責任をもって紹介、就職させるとの約束を取りつけるという。

「もちろん役所として公文書を起こしてという業務ではない。省員たちのネットワークというか、ありとあらゆる伝手を辿って。たとえばわが省のOBとかね、あるいはうちの省に理解ある政治家の先生とか、いろいろいるけれども……、そうしたネットワークを駆使して、可及的速やかに本人が望む形に近い就職先を用意する。それでなんとかなる」

なんとかならない場合はどうなるのだろうか。公務員は手厚い身分保障に守られている。「辞めてくれ」「はい」では済まないと世間の人は思っている。

「だいたい人事を担当する官房系部署だけれども、そこの役人にここまで言わせて、首を縦に振らないとなると、これはもう、どこにも再就職するつもりはない——という判断をせざるを得ない」

長年、お役所で過ごして、いきなり外に放り出されるとなると、やはり、「納得いかないが家族もいるし、ここは耐えよう」となるのもよくわかる話である。

「警察は厳しいね。ただ処分しただけでは国民の皆さまにご納得頂けないケースもある。その場合、責任者何人か辞めてもらうしかないけれど、ちゃんと再就職先を用意しておかないと。辞めさせて、そのまま放っておくと、あとで揉めごとのタネになる」

警察官の場合、不祥事に連座し、停職以上の処分を受けたなら、概ね、「その日のうちに依願退職」というのが通例だとか。国の治安の根幹となる公務員なので、事件に連座しただけでも、これはもうアウトという考えからだそうだ。

「だから再就職先を警察の場合はきちんと用意している。役所の外郭団体に民間企業とか……、ときには他省庁に頼み込んで、再就職先を確保することもある。同じ霞が関の住民同士、お互い様というところもある」

ところが近年、この動きが随分と変わってきたという。退職勧奨しても絶対に辞めないと頑として譲らない人が増えてきたからだ。

「さすがに警察官は、『悪い。お前辞表書いてくれ』『はい』で済むけれども、それもこれからはどうかな……、多くの役所では、不祥事に巻き込まれても絶対に辞めないという者が増えている。これでは国民からの信頼は得られない」

今、緩やかに就職先としての公務員はその人気に陰りが出てきたという。厳しい国民からの目、給与面では安定しているものの、かならずしも高給とはいえない現実――。いざ不祥事に連座した際、「何かあれば辞職」で終わらせる風土を今あらためなければ、公務員のなり手はこれからどんどん減っていくのではないだろうか。

エピローグ　それでも公務員を目指すか――

▼公務員とは政治の最大のブレーン

「彼らは生きたコンピュータだ。わざわざ外から人を連れてこなくてもいい」

いつの頃からか行政が何かあらたなプロジェクトを立ち上げる際、「審議会」や「検討チーム」といった組織を作り、そこに大学教授や弁護士、著名な女性タレントを入れて、何かを検討する……という流れが定着した。これは今日に至るまで変わらない。

しかし、本当に、国なら中央官庁、地方なら各地方自治体に、こうした審議会だの何だの必要なのだろうか。

冒頭の言葉は、かつて内閣総理大臣だった田中角栄氏のものである。

政治家としての評価は今日でもわかれるものの、政治的立ち位置、主義主張を問わず、「公務員をうまく用いる政治家」だったという評判は今なお聞こえてくるところだ。

そもそも田中氏が公務員をブレーンとして活用した理由として挙げられるのが、ひとつは公平な試験をクリアした人たちだから優秀な頭脳を持っていると判断したからだと言われている。たしかに幾度となく公務員試験の制度に変遷はあるものの、その根底には一貫して「公平」であることは変わらない。

試験制度のみならず、公務員は、その立場もまた公平で中立だ。

郵政大臣や大蔵大臣(今の総務大臣や財務大臣)などの大臣職に就き、霞が関にやって来たことで知られる田中氏だが、どこの省にやってきても決して偉ぶることなく、部下となる公務員たちへの気配りは他の政治家の比ではないほど丁寧なそれだったといわれている。

大臣という役職は、ひとつの省の長だ。政治家がこれに就く場合は、同時に民意を背負っているので、公務員としては怖い存在である。

そのためか令和の時代の今でも、大臣職に就いた政治家のなかには、この民意を背景に官僚、すなわち公務員にきつくあたる人も少なくないという。

「民意を背負っている大臣に不祥事がバレたら、それこそ自分たちの首が飛ぶ。だから不祥事はなるだけ隠してしまおうという空気感がある」

東京・霞が関のとある経済官庁の課長の男性は、率直に公務員としての心情をこう吐露した。そして次のように続ける。

「すべての責任はこのわしが背負う——そういう政治家がね、大臣になってくれれば、公務員としては有難い……」

大臣として役所にやってきた政治家の中には、責任は官僚、すなわち公務員に押し付け、国民から支持される手柄はみずからのものにしようとする政治家がいるのもまた事実だ。

この課長氏が言う、「すべての責任をわしが背負う」と大臣就任時にあいさつしたとされるのが田中角栄氏である。

「民意を背負って役所に大臣は来ている。その大臣がどこ党だろうが、何党だろうが、公務員の立場では興味はない。むしろ責任を取ってくれる——そうした姿勢を示して欲しいのだよ」

何事も責任は大臣が負う。そう言われると公務員は、俄然、「この大臣、ひいては背負っている民意、すなわち国民のために頑張らなければならない」と思うのだとか。

とはいえ、かつて公務員のなかでも、大臣と親しく接して政策論争を交わし……というのは、せいぜいキャリア組のみ、それ以外の公務員、ノンキャリアとの職務上とはいえ、その立場における区別は、今日では考えられないほど、鮮明なものがあったという。

たとえば外務省では、キャリア組はベストを着てもいい、ノンキャリアはダメ。机の下に緑の敷物をキャリア組は敷いてもいい、ノンキャリアはダメ……などなど、今日の感覚では実にくだらないそれも存在したようだ。

こうした外からみた区別を設けることで、大臣や、今日で言う副大臣、大臣政務官といった政治任用ポストで役所にやって来た政治家たちは、「こいつはキャリアだから話ができる」「こいつはノンキャリアだから話をするだけ無駄」という区分けをしていたというまことしやかな声も今日まであるくらいだ。

しかし、今、キャリア、ノンキャリアの制度は崩れつつある。かつてのキャリアは総合職へ、ノンキャリアは一般職へ。単に名前が変わっただけではなく、一般職からキャリア待遇となるコースも緩やかながら整えられつつある。

入り口と入職当初の仕事内容に若干の異なりがあるくらいで、その後は、まさに実力と本人の適正次第、適材適所の配属がなされる時代の到来だ。

「総合職、一般職関係なく、行政施策の企画立案に積極的に関われる時代となった。見方次第では、公務員は、今、とても働きがいのある仕事ではないか」

こう、とある経済官庁の課長氏は胸を張る。

▼地方発で社会を変えられる時代

働きがいのある職場としての公務員――これは地方公務員も同じだ。

バブル経済期の頃から、巷、よく言われているのが「地方発の時代」という言葉だ。東京・霞が関の中央官庁が制度疲労を起こし、動きが鈍いといわれるなか、地方は中央との距離がある分、政治主導でさまざまな行政改革が行える立場にあった。

中央、国に愛想をつかした若手政治家が地元の首長にこぞって出馬、当選し、民意を背負って各地方自治体の役所にやってくるようになったのも、この頃からと言われている。

こうした若手政治家の首長転身時、そのブレーン役として重用されたのが地方公務員だ。彼ら地方公務員は、国家公務員ほどキャリア、ノンキャリアの区別は、当時ですらなかったという。大卒、高卒問わず、やる気さえあればいくらでも高い役職に登用され、行政施策の企画立案に携わることができたからだ。

「たった一回の試験で、キャリアだノンキャリアだのと区別されて、実力を見い出せない国家公務員のような人事制度と違い、地方公務員は学歴不問で実力さえあれば、誰でものしていける世界。国家公務員よりもはるかに自由度が高い」

高校卒で兵庫県庁に入庁したベテラン職員男性は、こう胸を張る。そして地方が、全国に先駆けて新たなる行政施策を打ち立てれば、これはやがて国、社会全体を変えていくことが出来ると言う。

「社会を変える、こう言うと大袈裟な感じがするかもしれない。でも、自分たちが住む社会をよりよいもの、住みやすくしよう、そのためにはどうしたらいいかという話なんだ。大きな方向性は政治の領域。政（まつりごと）ね。政（まつりごと）を治めるのは、まさに政治家がすること。公務員——公（おおやけ）のために務める者である公務員は、政治が決めた方向性に沿って、政（まつりごと）を行う立場。まさに行政だ」

一見、素晴らしいことを言っているように見えるこの言だが、よく読むと行政とは、あくまでも政治が決めた方向性、その枠組みのなかでのみ、物事を決め、考えられないかのような印象を受けてしまう。

そうした見方をされる可能性を悟ったのだろう。こう言葉を継ぎ、話を置いた。

「政治は民意の代表者。その代表者に、『こういう考え方もありますよ』『こうしたほうがよくはないですか?』と責任をもって提言するのも、また行政の仕事——だからときとして行政主導で打ち立てた行政施策も、政治や政治家個人の手柄となることもしばしばだ」

公務員とは、いつの時代もあくまでも政治の黒子役といったところだろうか。

▼行政に携わるに必要な資質とは?

国家、地方を問わず、公務員に必要な資質は何か。この質問をOB・OGも含めた公務員たち何人かに訊ねた。いくつか話題に出たなかで、不思議に一致していたのが、「筆記試験」だと言う。

「数的処理、判断数理、資料解釈……、国語、日本史に世界史などなど、これらは教養をみているわけではない。ただ事務処理能力が高いかどうかの判断に過ぎない」

公務員試験制度への批判は、それこそ第二次世界大戦後から今日に至るまで、ずっと続いている。都度、制度を変えてはいるものの、批判が止むことはないだろう。

「もし公務員試験制度を完全に面接だけとしたらどうなる? これで公平性が担保できると思う

かね?」

とある中央官庁の課長氏は、過去、現行の試験制度が決して良いものとは思わないとしつつも、「公平性という観点ではベストではないがベターではある」とし、一定の評価を下した。

「社会をよくしたい、国を変える……そんなことを言う若い人が、公務員になる人にはたまにいる。その志は良しだ。しかし大きなことを言うのなら目先のこと、目先の仕事をきちんとしてもらいたいところだ。公務員試験における筆記試験は、そんな物事を地味でもコツコツやっていく。そうした人の性質もみているように思う」

大人しく真面目で、きちんと仕事をこなす——世間の公務員へのイメージとはおよそこんなところだろう。やはり似たような試験をクリアしただけあって、そのカラーはやはり似たものになるのは必然かもしれない。

▼人知れず働く「匿名の黒子役」として存在は目立たず、仕事はさりげなく……

そんな公務員に、今、あらたなカラーが加わりつつある。民間経験のある社会人経験者や弁護士などの資格保持者の採用だ。

彼、彼女らが加わったことで、これまでともすれば「あまりにも真面目過ぎて堅すぎる」「物事を決定するのに時間が掛かりすぎる」という悪しき公務員のカラーもすこしずつ薄らいできたという。

「大卒の上級職、高卒の初級職関係なく、新卒、いわゆるプロパーの公務員は、民意を背負った政治家に意見を言うとなると、やはり慎重になったものだ。これは市民の皆さまへの対応も同じ。しかし民間や資格採用の人は、わたしたちプロパーからみれば大胆に対応する。だから政治家や市民からの支持は高い」

高校卒で関西のとある県庁に新卒で入職したベテラン女性職員は、こう民間、資格組のニューカマーたちを評価しつつも、心配の声を述べる。

「市民の皆さまから支持を得ることがわたしたち行政の存在意義とは思えないのです。ときには良薬口に苦し。厳しいことも言わなければなりません。お役所言葉を世間一般の言葉に翻訳するだけなら構いません。でも、世間一般におもねるような対応はいただけません」

とくに民間経験者ほど、この傾向が強いようだ。

ここ十数年来、国、地方を問わず、政治家が出馬する際、民意を得る目的で公務員を叩くという傾向があった。しかし、これは公務員世界から見ると、とても危うい流れとして注視していたという。

「何度も言うが公務員とは公（おおやけ）のために務める存在だ。いわば政治の手足だ。それを頭である政治家が自分の手足を叩いてどうするという気持ちはある」

先に紹介したとある経済官庁の課長氏は、そんな自分たちをいじめる政治家でも、大臣や副大臣といった上司として頂いたならば全力で「お支えする」と言う。

「私たち公務員は、国民に仕える立場です。自分たちは何を言われようとも国民のためになれば、それでいいのですから……」

まさに社会における匿名の黒子役といったところか。

その黒子役は、きちんとした身分保障がなければとても勤まらないものだ。しかしそれはときに世論からの攻撃材料となり、肩身の狭い思いを余儀なくされることもしばしばである。公のために尽くす――理想に燃えて就いた仕事もいつしかその志は失せ、日常のルーティンワークに埋没するといった公務員も珍しくはない。

それでも社会のために公の仕事ができることに誇りを持って日々、職務に励む公務員が大多数を占めているのが現実だ。

決して大言壮語することなく、人知れず国や街づくりを地道に行う——そんな人が公務員に向いている。地味で目立たないけれども、ときとして人々から感謝される仕事だ。

時代や社会の変化とともに、その入り口の入り方に多少の違いはある。とはいえ、いつの時代も難関であることには違いない。その難関を突破するだけの価値はあるだろう。

公(おおやけ)のために尽くす仕事——、誰もができることではない。自由主義経済で職業選択の自由があるわが国では、公務員よりも儲かる仕事もあれば、日々の自由が利く仕事もたくさんある。だが、あえてそうした職に就かず、公、すなわち人のために尽くす。そんな彼、彼女たちの存在があるからこそ、人々の暮らしが成り立っていることをわたしたちは決して忘れてはならない。

資料　公務員が優遇される資格

●行政書士

許認可申請、権利関係各種の書類作成の専門家である行政書士は、国や地方の公務員として行政事務に携わった者、中卒者なら20年、高卒以上なら17年の行政事務経験があれば試験は免除。行政書士として登録、開業が出来る。市区役所で事務職を経て、定年後、行政書士を開業したという公務員も少なくない。公務員であれば取得できる資格としてよく知られている。

●司法書士

登記、相続、供託といった業務を行う法律職である司法書士も筆記試験の措置がある。裁判所事務官、裁判所書記官、検察事務官、法務事務官などを10年以上経験すれば、登録が可能である。

●税理士

国税専門官など、国税従事者として10年以上、勤務すれば税理士試験の科目が一部免除されるなどの優遇措置がある。

●著者紹介

秋山 謙一郎

1971年兵庫県生まれ。フリージャーナリスト。著書に『図解入門業界研究　最新証券業界の動向とカラクリがよ〜くわかる本[第3版]』『銀行員の「お仕事」と「正体」がよ〜くわかる本』(いずれも秀和システム)、『弁護士の格差』(朝日新書)、『ブラック企業経営者の本音』(扶桑社新書)など。他、著書多数。

『週刊ダイヤモンド』『ダイヤモンド・オンライン』(いずれもダイヤモンド社)、『AERA』『AERA　dot.』(いずれも朝日新聞出版)、『現代ビジネス』(講談社)などに寄稿。

官界事情、公務員事情に詳しい。経済の視点から霞が関の動向を読み解く官界ウォッチャーとしての力に定評あり。

公務員《こうむいん》の「お仕事《しごと》」と「正体《しょうたい》」がよ〜くわかる本《ほん》[第《だい》3版《はん》]

発行日　2023年　9月17日　　第1版第1刷

著　者　秋山《あきやま》　謙一郎《けんいちろう》

発行者　斉藤　和邦

発行所　株式会社　秀和システム

〒135-0016

東京都江東区東陽2-4-2　新宮ビル2F

Tel 03-6264-3105（販売）Fax 03-6264-3094

印刷所　三松堂印刷株式会社　　Printed in Japan

ISBN978-4-7980-7021-6 C0036

定価はカバーに表示してあります。

乱丁本・落丁本はお取りかえいたします。

本書に関するご質問については、ご質問の内容と住所、氏名、電話番号を明記のうえ、当社編集部宛FAXまたは書面にてお送りください。お電話によるご質問は受け付けておりませんのであらかじめご了承ください。